StudyHelp

Deutsch Abiturvorbereitung 2022
für das Bundesland *Bayern*

Copyright © 2022 StudyHelp
StudyHelp GmbH, Paderborn
WWW.STUDYHELP.DE

4. Auflage

Autor: Thomas Gottfried

Redaktion & Satz: Carlo Oberkönig
Kontakt: verlag@studyhelp.de
Umschlaggestaltung, Illustration: StudyHelp GmbH

ISBN 978-3-947-**50647**-7

Inhalt

Auf geht's zum Deutsch Abi-2022!

Liebe Abiturientin, lieber Abiturient,

wahrscheinlich kennst du auch das verbreitete Gerücht „Auf das Deutsch-Abi kann man sich sowieso nicht vorbereiten!" Nach über 25 Jahren Berufserfahrung als Lehrer und Korrektor unzähliger Deutsch-Abi-Klausuren, aber auch als Ersteller von Abituraufgaben und Prüfer kann ich dir versichern: **Für Deutsch kann man genauso lernen und üben wie für Mathematik.** Dieses Buch will dich dabei unterstützen.

Feedback
zum Heft

In diesem Lernheft gebe ich dir **inhaltliche, strategische, prüfungstechnische und psychologische Tipps**, damit du dich gezielt auf die Deutsch-Prüfung vorbereiten und die Klausur optimal bewältigen kannst. Lernen und üben musst du freilich selbst! Und grundsätzlich gilt immer das, was du im Unterricht gelernt hast und dein Lehrer von dir erwartet!

> Du findest hier vor allem **praktische Infos zur Vorbereitung**. Es werden die Aufgabentypen für deine Abiprüfung und **Aufgabenbeispiele aus den letzten Jahren** genauer vorgestellt und die damit verbundenen notwendigen **aufsatztechnischen Kompetenzen** vermittelt.
>
> Das Lernheft enthält im Überblick Informationen zum Prüfungsstoff (z.B. Grundbegriffe, Kerninhalte, Zusammenhänge). Es geht dabei um **Literaturgeschichte** (Aufgabenformate I, II und III) und um die Themenbereiche **„Lesen und Literatur"**, **„Medien und Kommunikation"**, **„Sprache"**, die bei den Aufgabenformaten IV und V meist im Mittelpunkt stehen.
>
> **Hinweise zur Erstellung der Abituraufsätze** sollen dir helfen, die in der Prüfung geforderten Texte selbständig verfassen zu können. Dazu gehört die **Kenntnis von Grundbegriffen** (z.B. zu den Gattungen) und die Beherrschung der jeweiligen **Aufsatztechnik** (z.B. Textinterpretation; Erörterung). Du erhältst **Lösungshinweise zu typischen Aufgaben aus den letzten Jahren.**
>
> Abschließend gebe ich dir aus meiner Erfahrung als Aufgabensteller und Prüfer **psychologische und strategische Tipps** zur Bewältigung dieser besonders anstrengenden Prüfungssituation (Arbeitszeit: 315 Minuten!).

Für deine Abiturprüfung Deutsch wünsche ich dir den besten Erfolg und viel Glück!

Dein Thomas Gottfried

1 Aufgabentypen

Als Prüfling wählst du bei der schriftlichen Abiturprüfung in Deutsch **eines** aus fünf Aufgabenformaten zur Bearbeitung aus.

Alle Aufgaben sind textbezogen oder materialgestützt. Die ersten drei Aufgabenformate verlangen die Interpretation literarischer Texte sowie einen davon ausgehenden Vergleich mit einem anderen vorgegebenen oder frei wählbaren literarischen Werk. Das vierte Aufgabenformat ist die Analyse eines Sachtextes (bezüglich Aufbau, Argumentationsstruktur, sprachlich-stilistische Gestaltung sowie Autorintention) mit Zusatzauftrag. In Aufgabe V geht es darum, eine Erörterung bzw. einen Essay zu einem kommunikations-, literatur- oder sprachtheoretischen Thema zu verfassen, wobei verschiedene Materialien (z.B. Texte, Bilder, Grafiken) ausgewertet und in die Argumentation miteinbezogen werden müssen. Die Aufgaben finden sich auf der Homepage des Staatsinstituts für Schulqualität und Bildungsforschung (ISB) bzw. über den nebenstehenden QR-Code.

Typische
Aufgabenarten

Interpretieren literarischer Texte – Lyrik – Motivvergleich mit einem zweiten lyrischen Text (Gedicht) (Aufgabe I)

Hierbei musst du nach Teilaufgabe a) ein Gedicht umfassend interpretieren; in Teilaufgabe b) wird ein Vergleich mit einem vorgegebenen lyrischen Text im Hinblick auf ein bestimmtes Motiv (z.B. „Gestaltung von Kindheit") verlangt. Der Schwerpunkt liegt auf Teilaufgabe a).

Eine Musteraufgabe zu diesem Format findest du auf der Homepage des Staatsinstituts für Schulqualität und Bildungsforschung (ISB) bzw. über den nebenstehenden QR-Code.

Dieser Aufgabentyp wurde in Bayern bereits 2017 und 2018 (Aufgabe I) gestellt.

Interpretieren literarischer Texte – Drama (Aufgabe II)

Hierbei musst du nach Teilaufgabe a) einen Dramenausschnitt umfassend interpretieren; in Teilaufgabe b) wird ein Vergleich mit einem anderen selbst zu wählenden literarischen Werk im Hinblick auf ein vorgegebenes Motiv (z.B. „unerfüllte Liebe") oder eine materialgestützte poetologische Aufgabe (z.B. zur Dramaturgie, Gattungsfragen, Literaturepochenwissen etc.) verlangt. Der Schwerpunkt liegt auf Teilaufgabe a).

Dieses Aufgabenformat (außer poetologische b)-Aufgabe) wird in Bayern bereits seit 2009 in jedem Jahr (Aufgabe II) gestellt.

Interpretieren literarischer Texte – Prosa (Aufgabe III)

Hierbei musst du nach Teilaufgabe a) einen epischen Text oder einen Auszug daraus umfassend interpretieren; in Teilaufgabe b) wird ein Vergleich mit einem anderen selbst zu wählenden literarischen Werk im Hinblick auf ein vorgegebenes Motiv (z.B. „das Unheimliche") oder eine materialgestützte poetologische Aufgabe (z.B. zu erzählerischen Mitteln, Gattungsfragen, Literaturepochenwissen etc.) gefordert. Der Schwerpunkt liegt auf Teilaufgabe a).

Dieses Aufgabenformat (außer poetologische b)-Aufgabe) wird in Bayern bereits seit 2010 jedes Jahr (Aufgabe III) gestellt.

Materialgestütztes Verfassen eines informierenden Textes (Aufgabe IV)

In diesem Aufgabenformat werden verschiedene Materialien (auch Bilder und Grafiken) zu einem bestimmten Thema vorgegeben, die vom Prüfling ausgewertet werden, um damit einen informativen Text (z.B. einführender Vortrag zu einer Veranstaltung, Beitrag für ein Programmheft, Lexikonartikel) zu erstellen. Die Adressaten des Textes sowie der kommunikative Kontext (z.B. Projekttage, Abendveranstaltung) sind dabei jeweils vorgegeben, ebenso wie der Umfang des Textes.

Dieses Aufgabenformat wurde in Bayern bereits seit 2012 (mit Ausnahme von 2013 und 2020) jedes Jahr (Aufgabe IV) gestellt. Beispiele zu diesem Aufgabenformat aus den Abiturprüfungen finden sich auf der Homepage des Staatsinstituts für Schulpädagogik und Bildungsforschung (ISB).

Textbezogenes Argumentieren, mit journalistischer Variante (Kommentar) (Aufgabe V)

Bei diesem Aufgabenformat wird ein Text zu einem bestimmten Thema vorgegeben, der vom Prüfling in Teilaufgabe a) daraufhin analysiert werden muss, wie der Autor seine argumentative Position entwickelt; eine Analyse der sprachlich-stilistischen Mittel ist in der Abiturprüfung 2022 **nicht erforderlich**. Die Adressaten des Textes sowie der kommunikative Kontext (z.B. Projekttage, Abendveranstaltung) sind dabei jeweils vorgegeben. Auf dieser Grundlage soll der Schüler in Teilaufgabe b) **entweder** (Variante 1) eine dialektische Erörterung **oder** (Variante 2) einen Kommentar (journalistische Gattung) zu einem Standpunkt formulieren, der im vorgegebenen Text dargelegt wird.

Der Schwerpunkt liegt auf Teilaufgabe b).

Dieses Aufgabenformat wurde in Bayern 2017 (mit Essay als journalistischer Variante) sowie 2013 und 2015 (jeweils mit Kommentar als journalistischer Variante) (Aufgabe V) gestellt. Beispiele zu diesem Aufgabenformat aus den Abiturprüfungen finden sich auf der Homepage des Staatsinstituts für Schulpädagogik und Bildungsforschung (ISB).

2 Original-Abitur-Aufgaben im Überblick

Bereite mindestens zwei bis drei verschiedene Aufgabeformate genau vor. Es kann passieren, dass dir der Text nicht liegt oder du zum Thema der Aufgabe zu geringe Kenntnisse hast – wer sich nur auf eine einzige Aufgabe einstellt, pokert zu hoch!

Die folgende Übersicht über die Originalaufgaben aus den letzten Jahren dient dazu, dir das Spektrum der verschiedenen Epochen und Vergleichsmotive (bei den literarischen Aufgabenformaten I bis III) sowie Sachthemen (bei den Aufgabenformaten IV und V) zu verdeutlichen. Du kannst dabei erkennen,

- dass du dich in der Vorbereitung nicht zu sehr spezialisieren, sondern möglichst viele Themen (z.B. die Epochen von der Klassik bis zur Gegenwart; eine Gattung über alle Epochen hinweg) vorbereiten solltest,

- dass es keine Regelmäßigkeit von Themen gibt, sodass du nicht nur auf ein bestimmtes Thema lernen oder mit einem bestimmten Thema rechnen kannst,

- dass das Analysieren von nichtliterarischen Texten sowie das Erörtern von Sachthemen aus den Bereichen „Sprache – Literatur – Medien" von dir immer beherrscht werden sollten, wenn du nichtliterarische Aufgaben bevorzugst.

In dieser Tabelle sind nur jene Originalaufgaben seit Einführung des G8 in Bayern (2011) aufgeführt, die zu den Aufgabentypen passen, die in der Abiturprüfung 2022 verlangt werden!

Jahr	Lyrik	Drama	Epik	Informieren	Argumentieren
2015	**Realismus** Meyer: *Stapfen* (1882) **Vergleich:** *Abschied*	**Nachkriegsliteratur** Brecht: *Leben des Galilei* (1955/56) **Vergleich:** *Machtgefälle zwischen zwei Figuren*	**Gegenwart** Tellkamp: *Der Turm* (2008) **Vergleich:** *Verhaltensänderung*	**Materialgestütztes Informieren** Vortrag zum Thema: „Die Figur des Wissenschaftlers in Literatur und Film"	**Textbezogenes Argumentieren** Analyse & Erörterung/Kommentar „Chancen und Risiken des Videoportals YouTube"
2016	**Gegenwart** Domin: *Fremder* (1960) **Vergleich:** *existenzielle Verunsicherung*	**Naturalismus** Hauptmann: *Einsame Menschen* (1891) **Vergleich:** *Geschlechterrollen*	**Realismus** Keller: *Romeo und Julia auf dem Dorfe* (1856) **Vergleich:** *Beginn einer Liebesbeziehung*	**Materialgestütztes Informieren** Vortrag zum Thema: „Verführung in der Literatur"	

Jahr	Lyrik	Drama	Epik	Informieren	Argumentieren
2017	**Realismus** Keller: *Winternacht* (1851) **Vergleich:** *Gestaltung der Beziehung zwischen Mensch und Wasserwesen* **Vergleichstext:** Goethe: *Der Fischer* (1779)	**Klassik** Kleist: *Amphithryon* (1807) **Vergleich:** *Problematik der Identität einer Figur*	**Impressionismus** Mann: *Tonio Kröger* (1903) **Vergleich:** *Figur eines Außen- seiters bzw. einer Außenseiterin*	**Materialgestütz- tes Informieren** Vortrag zum Thema: „Das Motiv des Reisens in der Literatur der Romantik"	**Textbezogenes Erörtern** Analyse und Erörte- rung bzw. Essay zum Thema „Notwendigkeit eines literarischen Kanons"
2018	**Symbolismus** Rilke: *Das Karussell* (1906) **Vergleich:** *Kindheit* **Vergleichstext:** Kunert: *Gottgleich* (1999)	**Nachkriegsliteratur Gegenwart** Dürrenmatt: *Romulus der Große* (1948/49 – 1980) **Vergleich:** *Zielerreichung einer Figur durch List, Täuschung oder eine subversive Strategie*	**Klassik** Goethe: *Wilhelm Meisters Lehrjahre* (1795/96) **Vergleich:** *Umgang mit einer Situation der Überforderung*	**Materialgestütz- tes Informieren:** Beitrag in einer Broschüre zum Thema: „Die Kulturtechnik Schreiben im digitalen Zeitalter"	
2019	**Romantik** Tieck: *Wonne der Einsamkeit* (1802) **Vergleich:** *Einsamkeit* **Vergleichstext:** Kästner: *Kleines Solo* (1947)	**Jahrhundertwende** von Hofmannsthal: *Elektra* (1903) **Vergleich:** *Reaktion auf eine erschütternde Erfahrung*	**Gegenwart** Zoe Jenny: *Yakos Reise* (2013) **Vergleich:** *Suche nach Selbst- verwirklichung*	**Materialgestütz- tes Informieren:** Beitrag in einer Projektzeitung zum Thema: „Glück in der Literatur"	
2020	**Romantik** Eichendorff: *Entschluß* (1814) **Vergleich:** *plötzliche Entscheidung* **Vergleichstext:** Kafka: *Der plötzliche Spazier- gang* (1912)	**Jahrhundertwende (v.a.) Symbolismus** Arthur Schnitzler: *Die Frage an das Schicksal* (1889) **Vergleich:** *Treue*	**Gegenwart** Daniel Kehlmann: *F* (2013) **Vergleich:** *problematische Fa- milienkonstellation*		
2021	**Expressionismus** Lasker-Schüler: *Ein Lied* (1917) **Vergleich:** *Trauer* **Vergleichstext:** Brambach: *Besuch bei Franz* (1961)	**Klassik** Friedrich Schiller: *Wilhelm Tell* (1804) **Vergleich:** *Liebesbekenntnis*	**Jahrhundertwende** Thomas Mann: *Buddenbrooks* (1901) **Vergleich:** *Demütigung einer Figur*		

3 Anforderungen, Kompetenzbereiche und Operatoren

Die Prüfungsaufgaben erfordern Leistungen aus den folgenden drei Anforderungsbereichen, wie sich aus den Bildungsstandards im Fach Deutsch für die Allgemeine Hochschulreife (Beschluss der Kultusministerkonferenz vom 18.10.2012) ergibt:

- Im **Anforderungsbereich I** geht es um Reproduktion: Du musst gelernte Sachverhalte wiedergeben und Wissen verständlich zusammenfassen. Gemeint sind Kenntnisse über Literatur (Epochen, Lektüren), Sprache, Literatur (im Allgemeinen)/Lesen und Medien.

- **Anforderungsbereich II** (Reorganisation und Transfer) zielt auf

  - das selbständige Auswählen, Anordnen, Verarbeiten, Erklären und Darstellen bekannter Sachverhalte unter vorgegebenen Gesichtspunkten in einem durch Übung bekannten Zusammenhang und

  - das selbständige Übertragen und Anwenden des Gelernten auf vergleichbare neue Zusammenhänge und Sachverhalte.

- **Anforderungsbereich III** (Reflexion und Problemlösen) bezieht sich auf das Verarbeiten komplexer Sachverhalte mit dem Ziel, zu kreativen Lösungen, Gestaltungen oder Deutungen, Folgerungen, Verallgemeinerungen, Begründungen, Beurteilungen und Wertungen zu gelangen. Dabei wählst du geeignete Arbeitstechniken und Verfahren zur Bewältigung der Aufgabe, wendest sie auf eine neue Problemstellung an und reflektierst das eigene Vorgehen. Erwartet wird kritische Reflexion und differenziertes Problemlösen.

Der Schwerpunkt bei allen Aufgaben liegt im **Anforderungsbereich II**.

Du musst Fähigkeiten in folgenden **Kompetenzbereichen** zeigen, um Texterschließungsverfahren und Arbeitstechniken zur Bewältigung der Aufgaben anwenden zu können:

- Im Kompetenzbereich „**Schreiben**" verfasst du inhaltlich angemessene, in sich logisch zusammenhängende Texte, die aufgabenbezogen, konzeptgeleitet, adressaten- und zielorientiert, normgerecht, sprachlich variabel und stilistisch angemessen gestaltet werden. Dabei produzierst du entsprechend der jeweiligen Aufgabe informative, erörternde oder gestaltende Textformen (z.B. Interpretation, Erörterung, Vortrag).

- Im Kompetenzbereich „**Lesen**" zeigst du, dass du selbstständig Strategien und Techniken zur Erschließung verschiedener Textformen unterschiedlicher medialer Form anwenden kannst. Du greifst dabei auf dein Wissen in den Bereichen Literatur, Sprache und Medien zurück und bewältigst so umfangreiche und komplexe Texte.

- **„Sich mit Texten und Medien auseinandersetzen"** ist ein weiterer Kompetenzbereich. Du erschließt dir literarische und pragmatische Texte unterschiedlicher medialer Form unter reflektierter Nutzung von fachlichem Wissen. In der Abiturprüfung betrifft dies literarische Texte und Sachtexte.

- Im Kompetenzbereich **„Sprache und Sprachgebrauch reflektieren"** analysierst du Sprache als System und als historisch gewachsenes Kommunikationsmedium und zeigst damit dein Sprachwissen und dein Sprachbewusstsein.

Alle Prüfungsaufgaben beginnen jeweils mit einer **Arbeitsanweisung (Operator)**. Im Folgenden findest du in alphabetischer Reihenfolge Operatoren, die in den Prüfungsaufgaben der letzten Jahre relevant waren, aufgelistet, definiert und durch beispielhafte Aufgabenstellungen (auch aus den letzten Jahren) veranschaulicht. Diese werden durch Zusätze (z. B. „im Hinblick auf ... ", „unter Berücksichtigung von ... ") konkretisiert und beziehen sich immer auf einen vorgegebenen Text und/oder Material. Die Verwendung weiterer, hier nicht genannter Operatoren kann sinnvoll sein, wenn deren Verständnis vorausgesetzt werden und die Aufgabe daher bearbeitet werden kann. Die folgenden Beispiele entstammen aus bayerischen Abiturprüfungen der letzten Jahre, soweit gegeben.

Operatoren

In Klammern finden sich nach den jeweiligen Operatoren die zugehörigen Anforderungsbereiche, wobei ein Operator nicht nur einem einzigen der oben beschriebenen Anforderungsbereiche zuzuordnen ist. Welche Leistungen eine Aufgabe in welchem Anforderungsbereich erfordert, ergibt sich aus der Aufgabenstellung im Zusammenhang mit dem Text bzw. Material und dem Erwartungshorizont. Auch diese Beispiele entstammen bayerischen Abiturprüfungen der letzten Jahre, soweit gegeben.

> **Der in den Aufgabenformaten I, II und III seit 2018 verwendete Operator „Interpretieren"
> verlangt immer auch eine Erschließung des jeweiligen literarischen Textes!**

Operator (Anforderungsbereiche)	Bedeutung	Beispiel (Prüfungsjahr und Aufgabe bzw. Autor als Urheber)
analysieren erschließen (I, II, III)	einen sachlichen bzw. literarischen Text als Ganzes oder aspektorientiert unter Wahrung des funktionalen Zusammenhangs von Inhalt, Form und Sprache untersuchen und das Ergebnis der Untersuchung begründet und an Beispielen veranschaulicht darlegen	*Analysieren Sie, wie der Autor Jan Wiele seine Position zu Chancen und Risiken des Videoportals YouTube argumentativ entwickelt!* (2015/Va)

Operator (Anforderungsbereiche)	Bedeutung	Beispiel (Prüfungsjahr und Aufgabe bzw. Autor als Urheber)
begründen = zeigen (I,II)	ein Analyse- oder Interpretationsergebnis, eine Beurteilung oder Wertung fachlich absichern in einer logischen und anschaulichen Argumentation (z.B. Beleg, Beispiel, Zitat)	*Privatheit und Öffentlichkeit galten lange Zeit als klar voneinander zu unterscheidende Bereiche. Zeigen Sie, ausgehend von einer präzisen Begriffsklärung und unter Berücksichtigung eigener Erfahrungen, inwiefern sich das Verhältnis von Privatheit und Öffentlichkeit in einer von den neuen Medien geprägten Gesellschaft ändert, und diskutieren Sie, welche Folgen sich daraus ergeben! (2009 – Leistungskurs/V)*
beurteilen (II, III)	einen Sachverhalt, eine Aussage, einen Text, eine Figur auf Basis von Kriterien bzw. begründeten Wertmaßstäben und sachlichem Wissen selbständig einschätzen	*Beurteilen Sie unter Einbeziehung eigener Erfahrungen aus dem Deutschunterricht die vom Autor vertretene Position! (TG)*
charakterisieren (II, III)	die jeweilige Eigenart von Figuren/ Sachverhalten herausarbeiten und anschaulich darstellen	*Charakterisieren Sie die Geschlechterrollen, wie sie von beiden Protagonisten im Dramenausschnitt repräsentiert werden! (TG)*
darstellen = aufzeigen (I, II)	Inhalte, Probleme, Sachverhalte und deren Zusammenhänge formulieren	*Zeigen Sie ausgehend von Ihren Ergebnissen auf, in welcher Weise das Gedicht Themen und Motive der Romantik aufgreift! (2011/I)*
diskutieren (III)	verschiedene Argumente zu einer Frage- oder Problemstellung formulieren und abwägen und als Ergebnis zusammenfassende Schlussfolgerungen ziehen	*Diskutieren Sie ausgehend von einer Klärung des Begriffs „Heimat" den Stellenwert von Heimat in der heutigen Welt! (2011 – Grundkurs/IV)*
einordnen = zuordnen (I, II)	eine Aussage, einen Inhalt, einen Text, einen Sachverhalt unter Verwendung von Kontextwissen begründet in einen vorgegebenen Zusammenhang stellen	*Ordnen Sie das vorliegende Gedicht ausgehend von Ihren Erschließungsergebnissen einer literarischen Epoche zu und begründen Sie Ihre Entscheidung! (TG)*
erläutern (II, III)	Materialien, Sachverhalte, Zusammenhänge, Thesen in einen Begründungszusammenhang stellen und mit zusätzlichen Informationen und Beispielen veranschaulichen	*Erläutern Sie am Beispiel des vorliegenden Romanausschnitts typische erzähltechnische Mittel der Moderne! (TG)*
erörtern (I, II, III)	auf der Grundlage einer Text- oder Materialanalyse oder -auswertung eine These oder Problemstellung unter Abwägung von PRO- und CONTRA-Argumenten hinterfragen und zu einem eigenständigen Urteil gelangen	*Erörtern Sie Möglichkeiten und Grenzen der Satire! Beziehen Sie sich dabei auf Formen der Satire in Wort und Bild! Nutzen Sie dazu die folgenden Materialien 1-9 sowie eigenes Wissen und eigene Erfahrungen! (2018/V-Variante 1)*
in Beziehung setzen (II, III)	Zusammenhänge unter vorgegebenen oder selbst gewählten Gesichtspunkten begründet herstellen	*Setzen Sie die Position des Autors in Beziehung zu der in Text B dargelegten Haltung zur Bedeutung sozialer Netzwerke! (TG)*

Operator (Anforderungsbereiche)	Bedeutung	Beispiel (Prüfungsjahr und Aufgabe bzw. Autor als Urheber)
interpretieren (I, II, III)	auf der Grundlage einer Analyse im Ganzen oder aspektorientiert Sinnzusammenhänge von Texten erschließen und unter Einbeziehung der Wechselwirkung zwischen Inhalt, Form und Sprache zu einer schlüssigen (Gesamt-)Deutung gelangen	*Interpretieren Sie das Gedicht „Das Karussell" von Rainer Maria Rilke!* (2018/I)
kritisch Stellung nehmen (II, III)	eine Problemstellung, einen Sachverhalt oder eine Position auf der Grundlage fachlicher Kenntnis und Einsicht nach kritischer Prüfung und Abwägung begründet einschätzen	*Nehmen Sie kritisch Stellung zu der im vorliegenden Essay entfalteten Position des Verfassers zum Stellenwert des Lesens in der digitalen Gesellschaft!* (TG)
sich auseinandersetzen mit (II, III)	eine Aussage, eine Problemstellung argumentativ und urteilend abwägen und zu einem nachvollziehbaren Ergebnis kommen	*Setzen Sie sich mit in der heutigen Zeit vertretenen Einstellungen gegenüber dem Nichtstun auseinander! Berücksichtigen Sie dabei die beigefügten Materialien sowie Ihre eigenen Erfahrungen und entwickeln Sie ausgehend von Ihren Ergebnissen mögliche Konsequenzen für den Einzelnen und die Gesellschaft!* (2012/Va)
(über)prüfen (II, III)	Aussagen, Thesen und Sachverhalte kritisch hinterfragen und ihre Gültigkeit auf der Grundlage von Kenntnissen und Einsichten begründet einschätzen	*Überprüfen Sie, inwiefern die in Text B formulierte Aussage für die Interpretation des Gedichts ergiebig ist!* (2017/Ia)
verfassen (II, III)	auf der Grundlage einer Auswertung von Materialien wesentliche Aspekte eines Sachverhaltes in informierender oder argumentierender Form adressatenbezogen formulieren	*Verfassen Sie diesen Beitrag, der über die Auswirkungen des digitalen Wandels auf die Kulturtechnik Schreiben informiert, den Stand der Diskussion beschreibt und eigenes Wissen über aktuelle Entwicklungen mit einbezieht!* (2018/IV)
vergleichen vergleichend aufzeigen/ darlegen/untersuchen (II, III)	nach vorgegebenen oder selbst gewählten Gesichtspunkten Gemeinsamkeiten, Ähnlichkeiten und Unterschiede herausarbeiten und gegeneinander abwägen	*Vergleichen Sie die Gestaltung von Kindheit in Rilkes Gedicht mit der in Günter Kunerts Gedicht „Gottgleich"!* (2018/Ib) *Zeigen Sie ausgehend von Ihren Ergebnissen vergleichend auf, wie in einem anderen literarischen Werk eine Figur ihre Ziele durch List, Täuschung oder eine subversive Strategie zu erreichen versucht!* (2018/IIb)

4 Praktische Tipps zur Prüfungsvorbereitung

In diesem Kapitel erhältst du praktische Tipps zur Vorbereitung auf die schriftliche Abiturprüfung.

Tipps zum Ablauf

(1) Äußere Rahmenbedingungen

- Erstelle – je nach Lerntempo – zehn bis zwölf Wochen vor der Prüfung einen individuellen Lern- und Zeitplan für das Fach Deutsch und die anderen schriftlichen Abiturfächer.

- Überlege dir, ob du in einer sich regelmäßig treffenden Arbeitsgruppe lernen kannst und suche dir ggf. Mitschüler hierfür.

- Überprüfe alle Mitschriften und Materialien aus der zweijährigen Kursphase auf Vollständigkeit und sinnvolle Ordnung.

- Stelle alle im Unterricht behandelten Lektüren und alle Schulbücher zusammen.

- Beginne spätestens acht bis zehn Wochen vor der Prüfung mit der Vorbereitung.

Texte schreiben und erschließen

(2) Aufgabenarten und Bewertungsbereiche; Aufgabenwahl

- Mache dich mit den möglichen Aufgabenarten (Formate I bis V) und Bewertungsbereichen sowie –kriterien vertraut.

- Befasse dich mit den in den Aufgabenstellungen (der letzten Jahre) verwendeten Operatoren und übe die Erschließung von Schlüsselbegriffen.

selbst-geschriebene Texte verbessern

- Entscheide dich für zwei bis drei Aufgabenformate, auf die du dich besonders vorbereitest.

- Stelle aus deinen Schulaufgabenerfahrungen der Kursphase jene Bereiche zusammen, auf die du besonders achten musst (z.B. Epochenkenntnisse, bestimmte Interpretationsbereiche; Argumentationstechnik).

- Wähle eine für dich passende Methode, um die von dir am Besten zu bearbeitende Aufgabe schnell und gezielt herauszufinden (z.B. Punktesystem, Tabelle, Symbole).

(3) Aufsatztechnische Kompetenzen

- Wiederhole die verpflichtenden Erschließungsbereiche poetischer Texte (Lyrik, Drama, Epik) (z.B. Inhalt, Form, Sprache).

- Wiederhole die verpflichtenden Analysebereiche nichtpoetischer Texte (z.B. Argumentationsstruktur, kommunikativer Kontext).

- Wiederhole die Auswertung von Material verschiedenster Art (z.B. Bilder, Cartoons, Graphiken, Texte) und dessen Integration in die Erörterung bzw. den Essay.

- Frische die aufsatztechnischen Grundregeln zu den von dir bevorzugten Formaten (z.B. Aufbau, Überleitungen, Zitiertechnik u.a.) und einschlägige Fachbegriffe (z.B. Argumentationsstruktur, Motiv, Weltbild u.a.) auf.

- Mache dir Techniken der Überarbeitung von Aufsätzen in inhaltlicher, sprachlicher und formaler Hinsicht bewusst.

- Wiederhole ggf. die Grundregeln der deutschen Rechtschreibung (Kommasetzung, Groß- und Kleinschreibung, Getrennt- und Zusammenschreibung, s-Laute, Dehnung, Kürzung ...).

(4) Fachkenntnisse in der Literaturgeschichte

- Wiederhole bzw. ergänze deine Kenntnisse zu den literarischen Epochen von der Klassik bis zur Gegenwart. Wiederhole ggf. historisches Hintergrundwissen zu den literarischen Epochen von der Klassik bis zur Gegenwart.

- Sei dir der Relativität des Epochenbegriffs und der Grauzonen im Übergang der Epochen bei der Zuordnung von Texten bewusst.

- Stelle Querverbindungen zwischen den Epochen her; suche nach Gemeinsamkeiten und Unterschiede zwischen den Epochen.

5 Tipps zur
Vorbereitung
mit Lektüren

- Wiederhole zentrale Inhalte der in der Kursphase gelesenen Lektüren, v.a. im Hinblick auf Inhalt, gattungsspezifische Gestaltungsmittel, Motive und Themen, epochenspezifische Merkmale, Hintergrundinformationen (z.B. Autobiographie, Politik, Religion u.a.).

- Bereite besonders das Drama „**Faust I**" als mögliches (aber nicht in jedem Fall sinnvolles) Vergleichswerk vor.

(5) Kenntnisse in den Bereichen „Sprache", „Kommunikation", „Medien"

- Wiederhole die im Unterricht gelernten und an Aufgaben angewandten Kenntnisse zu den o.g. Themenbereichen.

- Überlege dir mögliche aktuelle Themen aus diesen Bereichen (z.B. „Zukunft des Lesens in der digitalen Welt"; „Entwicklungen im Sprachgebrauch von Jugendlichen"; „Veränderungen in der Kommunikationskultur sozialer Netzwerke").

- Halte dein Allgemeinwesen durch die regelmäßige Lektüre tagesaktueller Medien (z.B. Tageszeitungen, Newsletter, Nachrichtenkanäle) auf dem Laufenden.

(6) Übungen

- Bearbeite fremde Texte mit den dir vertrauten Methoden (z.B. farbliche Markierungen, Symbol- und Verweisungssysteme).

- Suche dir einen Lernpartner, mit dem du über Inhalte und Kompetenzen im Fach Deutsch sprichst. Dabei könnt ihr euch einander bestimmte Aspekte erklären, Übungen korrigieren, Fragen stellen und beantworten.

- Fertige schriftliche Übungen (auch Stoffsammlungen, Gliederungen, Teile von Aufsätzen) zu Aufgaben aus den letzten Jahren an und korrigiert in Partnerarbeit gegenseitig eure Texte.

- Nimm ggf. zusätzliche Übungsmöglichkeiten und Beratungsangebote in der Schule wahr.

5 Deutsche Literaturgeschichte

Den ersten drei Aufgabentypen in der Abiturprüfung liegen literarische Texte zugrunde, die in der Regel aus bis zu drei verschiedenen Epochen stammen. Dabei wird nicht immer explizit die Einbeziehung oder der Nachweis literaturgeschichtlicher Kenntnisse ausdrücklich verlangt. Zur Erschließung und Interpretation von lyrischen, dramatischen und epischen Texten (oder Auszügen) sind literarhistorische Kenntnisse hilfreich und können - auch bei den Aufgabentypen IV und V – wertvolle Hinweise zum Verständnis der Texte geben.

Es ist nicht hilfreich, sich (kurz vor der Prüfung) lediglich Daten und Fakten zu den verschiedenen literarischen Epochen ins Kurzzeitgedächtnis zu speichern. Sinnvoll dagegen ist in der Vorbereitung das gedankliche Nachvollziehen der im Unterricht besprochenen Inhalte zu den literarischen Epochen, die sich an bestimmten Lektüren veranschaulichen lassen.

5.1 Möglichkeiten und Grenzen von Literaturgeschichte

Die Geschichte der deutschen Literatur dient dazu, die unübersichtliche Vielfalt an literarischen Texten chronologisch zu ordnen, um einen Überblick zu gewinnen und bestimmte Texte ein- und zuordnen und dadurch besser beschreiben und verstehen zu können. Literatur ist Teil einer komplexeren Wirklichkeit, von der sie beeinflusst wird: Gesellschaft und Politik, Wissenschaft und Technik, Kultur und Wirtschaft bestimmen die Motive, Themen, und Botschaften, die poetischen Texten zu eigen sind. Daher ist für das grundlegende Verständnis eines Textes die Kenntnis des Entstehungshintergrundes unerlässlich.

Für einen sachgemäßen Umgang mit Epochenwissen musst du dir aber einige grundsätzliche Überlegungen zu den Grenzen der Literaturgeschichtsschreibung bewusst machen:

- Die Einteilung eines bestimmten Bereiches in Zeitphasen ist immer nur eine Annäherung. Ob in Kunst, Literatur, Musik, Politik oder anderen Feldern – eine nachträgliche Bildung von Epochen ist nur ein Versuch, anhand bestimmter Unterscheidungsmerkmale (z.B. Menschenbild, vorherrschende Gattungen) Gemeinsamkeiten zu finden. Wir möchten Entwicklungen in größeren Zeiträumen besser verstehen und beschreiben sowie voneinander abgrenzen können.

- Die Namen für Epochen können sich von Literaturgeschichte zu Literaturgeschichte ebenso unterscheiden wie die zeitlichen Abgrenzungen. Freilich haben sich mittlerweile bestimmte

Fachtermini durchgesetzt (z.B. *Klassik*, *Romantik*, *Expressionismus*) und Chronologien ähneln sich. Dennoch gibt es, insbesondere je näher du an die Gegenwart heranrückst, sehr verschiedene Bezeichnungen (z.B. *Literatur der Jahrhundertwende*, *Fin de Siècle*, *Impressionismus*, *Symbolismus*, *Neoromantik* für ein und dieselbe Epoche) sowie chronologische Einteilungen. Besonders die Literatur nach 1945 zeichnet sich durch große Heterogenität aus, sodass eine Einteilung in abgrenzbare Epochen schwierig bis unmöglich wird, vor allem für die unmittelbare Gegenwart.

● Epochen überschneiden sich zeitlich und inhaltlich; die Grenzen zwischen Epochen sind daher fließend und niemals trennscharf, wodurch es auch zu Überlappungen und parallelen Entwicklungen kommen kann. Du darfst nicht davon ausgehen, dass sich ein literarischer Text, dessen Entstehungs- und/oder Veröffentlichungsdatum du kennst, immer eindeutig einer Epoche zuordnen lassen muss. Es kann sein, dass der Text z.B. 1846 entstanden ist, aber nicht zur Epoche des Biedermeier gehört, für die du vielleicht den Zeitraum 1815-1848 gelernt hast, sondern schon zum Poetischen Realismus (1850-1890) zählt. Zudem gibt es Autoren (z.B. Goethe, Kleist, Kafka, Brecht), die sich entweder nur teilweise einer Epoche oder gar mehreren Epochen zuordnen lassen.

Das heißt für eine **gute Prüfungsvorbereitung in Literaturgeschichte**:

● Du benötigst gute Kenntnisse zu den Merkmalen der literarischen Epochen von der Klassik bis zur Gegenwart, um sie bei der Bearbeitung von Aufgaben abrufen zu können.

● Du solltest aber kritisch und im Bewusstsein der Relativität und Diskutierbarkeit mit diesem Epochenwissen umgehen.

● Noch wichtiger als auswendiggelernte Kenntnisse zur deutschen Literatur ist die Fähigkeit, literarische Texte erschließen und interpretieren sowie ggf. begründet einordnen zu können. Das kannst du nicht kurzfristig lernen, sondern über einen längeren Zeitraum.

● Es ist grundsätzlich hilfreich, für jede Epoche einen typischen Beispieltext (v.a. Gedichte) (vielleicht sogar auswendig) zu kennen oder sich zumindest daran zu erinnern.

● Wenn du dir bei der Zuordnung eines poetischen Textes zu einer Epoche nicht sicher bist, solltest du lieber darauf verzichten als zu spekulieren. Sollte eine Zuordnung explizit verlangt sein, so musst du diese auf der Grundlage fundierten Wissens über die Epoche und am Text mithilfe von Zitaten nachgewiesen veranschaulichen.

5.2 Epochenüberblick

Überblick

Die folgende Übersicht orientiert sich in der Wahl der Fachbegriffe am Lehrplan für das bayerische Gymnasium der 11. und 12. Jahrgangsstufe:

Zeitphase	Epochenbegriff
1786 – 1805	**Weimarer Klassik**
1795 – 1840	**Romantik**

Zeitphase	Epochenbegriff
1815 – 1900	**Realistische Strömungen des 19. Jahrhunderts**
1815 – 1848	Vormärz und Junges Deutschland, Biedermeier
1848 – 1890	Bürgerlicher bzw. Poetischer Realismus
1880 – 1900	Naturalismus
1890 – 1920	**Strömungen innerhalb der Literatur der Jahrhundertwende:** Fin-de-Siècle-Literatur, Décadence, Symbolismus, Neoromantik, Jugendstil, Impressionismus
1910 – 1925	**Expressionismus**
1918 – 1933	**Literatur der Weimarer Republik; Neue Sachlichkeit**
1933 – 1945	**Exilliteratur; Literatur der „Inneren Emigration", literarischer Widerstand**
1945 – 1989	**Literatur der Nachkriegszeit in Ost- und Westdeutschland**
seit 1990	**Gegenwartsliteratur**

5.3 Kurzcharakteristik der relevanten Epochen

Die folgenden prägnanten Darstellungen jeder Epoche konzentrieren sich nach einer kurzen chronologischen Einordnung auf das jeweilige **Menschenbild** und das **Kunstideal**; exemplarisch veranschaulicht wird jede Epoche anhand eines typischen Gedichts. Für umfassende und vertiefte Kenntnisse (z.B. auch zum historischen Hintergrund und zum literarischen Leben) verweise ich auf deine Unterrichtsmitschriften und Schulbücher (insbesondere die Zusammenfassungen zu den Epochen).

5.3.1 Klassik (ca. 1786-1805)

> **Typische Vertreter:**
> Johann Wolfgang von Goethe (1749 - 1832); Friedrich Schiller (1759 - 1805)

Die sog. Weimarer Klassik bezeichnet die literarische Epoche zwischen dem Beginn von Goethes (1749-1832) Italienreise (1786) und dem Tod Schillers (1759-1805). Diese Phase der deutschen Literatur wird als qualitativ besonders wertvoll und vorbildlich betrachtet.

Klassik

Das Menschenbild der Klassik ist vor allem geprägt von der Leitidee „Humanität". Angestrebt werden soll eine würdevolle Bildung des Menschen, der frei und selbstbestimmt Gefühle, Vernunft und Willen in Ausgleich bringt und aus dieser bewussten Haltung heraus charakterliche und moralische Größe und Toleranz zeigt. Diese Vorstellung wird im Bild der „schönen Seele" als Ausdruck spannungsvoller Harmonie zusammengefasst gebracht. Kunst und Literatur dienen dazu, den Menschen bei der Heranbildung seiner geistigen, moralischen und praktischen Kräfte zu unterstützen. Im Unterschied zur sozial losgelösten Selbstverwirklichung im Sturm und Drang kreist der Mensch in der Klassik nicht mehr um sich allein, sondern wendet sich dem Wahren, Guten und Schönen zu und findet darin seine wesensgemäße Selbstbestimmung. Entgegen den mit vielen Menschenopfern und kriegerischen Auseinandersetzungen in der Französischen Revolution erkauften politischen Idealen Freiheit, Gleichheit und Brüderlichkeit geht es in der Klassik um die Entwicklung des Menschen zu größerer Menschlichkeit auf dem Weg der Selbsterziehung. Erst dadurch lassen sich gesellschaftliche Missstände beseitigen. Diese moralische Grundvorstellung findet sich auch im Kategorischen Imperativ von Immanuel Kant (1724-1804): „Handle so, dass die Maxime deines Willens jederzeit als Prinzip einer allgemeinen Gesetzgebung gelten könnte!"

Autoren der Klassik lehnen sich an die Kunsttheorie von Winkelmann an: Ausgehend vom Klassik-Verständnis der Antike soll Literatur einfach und maßvoll sein sowie die Harmonie von Natur und Geist, Verstand und Gefühl, Gesetz und Selbstbestimmung, gesellschaftlichem Anspruch und individuellem Recht berücksichtigen: „Edle Einfalt, stille Größe". Dementsprechend werden auch antike Vorbilder sowie geschichtliche und mythologische Stoffe aufgegriffen. Zugleich knüpft man an Grundüberzeugungen und Ideale der Aufklärung an. Während Goethe einen geerdeten Naturidealismus verfolgt, geht es dem Historiker Schiller um einen geistigen Vernunftidealismus. Weitere bedeutsame Vertreter der Weimarer Klassik sind Wieland und Herder.

Für die literarischen Gattungen gilt Formstrenge: Die Texte orientieren sich an harmonischen Maßen, Gattungsgesetzen und zeigen eine Entsprechung von äußerer Gestalt, Sprache und Inhalt. Das Drama ist eine sehr beliebte Gattung und tritt vor allem in gebundener Sprache (Blankvers) auf. Insbesondere in den Ideendramen geht es um die Universalität der Stoffe und Botschaften, wie etwa zu den Themen Humanität, Freiheit, Ausgleich von Pflicht und Neigung im Sinne allgemeiner und objektiver Wahrheit. In der Lyrik dominieren traditionelle Gattungen, (z.B. Balladen, Elegien, Epigramme, Hymnen). Der Bildungsroman ist die bevorzugte Gattung in der Epik.

Beispieltext: Johann Wolfgang von Goethe: *Das Göttliche* (1783)

	Edel sei der Mensch,		20	Wind und Ströme,		Er allein darf
	Hilfreich und gut!			Donner und Hagel		Den Guten lohnen,
	Denn das allein			Rauschen ihren Weg	45	Den Bösen strafen,
	Unterscheidet ihn			Und ergreifen		Heilen und retten,
5	Von allen Wesen,			Vorüber eilend		Alles Irrende, Schweifende
	Die wir kennen.		25	Einen um den andern.		Nützlich verbinden.
	Heil den unbekannten			Auch so das Glück		Und wir verehren
	Höhern Wesen,			Tappt unter die Menge,	50	Die Unsterblichen,
	Die wir ahnen!			Faßt bald des Knaben		Als wären sie Menschen,
10	Ihnen gleiche der Mensch!			Lockige Unschuld,		Täten im großen,
	Sein Beispiel lehr uns		30	Bald auch den kahlen		Was der Beste im kleinen
	Jene glauben.			Schuldigen Scheitel.		Tut oder möchte.
	Denn unfühlend			Nach ewigen, ehrnen,		Der edle Mensch
	Ist die Natur:			Großen Gesetzen	55	Sei hilfreich und gut!
15	Es leuchtet die Sonne			Müssen wir alle		Unermüdet schaff er
	Über Bös und Gute,		35	Unseres Daseins		Das Nützliche, Rechte,
	Und dem Verbrecher			Kreise vollenden.		Sei uns ein Vorbild
	Glänzen wie dem Besten					Jener geahneten Wesen!
	Der Mond und die Sterne.			Nur allein der Mensch		
				Vermag das Unmögliche:		
				Er unterscheidet,		
			40	Wählet und richtet;		
				Er kann dem Augenblick		
				Dauer verleihen.		

5.3.2 Romantik (ca. 1795-1840)

Typische Vertreter:
Achim von Arnim (1781 - 1831); Clemens Brentano (1778 - 1842); Joseph von Eichendorff (1788 - 1857); Jacob (1785 - 1863) und Wilhelm Grimm (1786 - 1859); Friedrich von Hardenberg = Novalis (1772 - 1801); E.T.A. Hoffmann (1776 - 1822); Ludwig Tieck (1773 - 1853)

Chronologisch verläuft die literarische Epoche der Romantik teilweise parallel zur Klassik, aber auch zum Vormärz. Mit der Klassik teilt sie den Respekt vor dem hohen Wert der Kunst und wird daher manchmal auch zur „Kunstperiode" gerechnet. Sie wendet sich aber gegen den rationalistischen Utilitarismus der Aufklärung und die ökonomische Instrumentalisierung des Menschen in der Zeit zunehmender Industrialisierung, wobei sie mit der Achtung der Autonomie des Menschen, unabhängig von gesellschaftlichen Bindungen, an die Aufklärung anknüpft. In Gemeinsamkeit mit Sturm und Drang und Empfindsamkeit kommt dem Gefühl als Quelle menschlicher Erkenntnis große Wertschätzung zu. Mit Skepsis betrachtet die Romantik das Humanitätsideal der Klassik. Im Bewusstsein der verlorenen Einheit zwischen Welt und Ich, Mensch und Natur, Kunst und Leben wird der Literatur (anstelle ästhetischer Erziehung und Bildung des Individuums) mit der Romantisierung des Lebens bzw. der Poetisierung der Welt die Aufgabe zugeschrieben, diese Einheit wiederherzustellen.

Romantik

Das Menschenbild der Romantik erweitert das bisherige Verständnis um das Unbewusste: Die Entgrenzung des Ich geschieht durch den Blick in das Innere, womit auch die Schattenseiten der Seele verbunden sein können. Der Traum wird ebenso wie die Nacht zum neuen Erfahrungsbereich und Projektionsraum sowie zur Gegenwelt des dichtenden Menschen, die das ganze Spektrum menschlichen Vorstellungsvermögens vom Wunder bis zum Wahnsinn umfasst. Das Grundgefühl des Menschen konzentriert sich in seiner Sehnsucht, die Grenzen der empirischen Wirklichkeit zu überschreiten und dadurch zum Wesentlichen vorzudringen. Vor dem Hintergrund der realpolitischen Ereignisse (Französische Revolution, Kriege, Ende des Heiligen Römischen Reiches Deutscher Nation; Säkularisation; Restauration; Karlsbader Beschlüsse; Julirevolution) wendet sich der romantische Mensch von Politik und Gesellschaft ab und konzentriert sich auf seine Innenwelt mit dem Ziel, im intensiven Erleben Sinn zu erfahren. Es entsteht dabei nicht selten eine Spannung zu den realen Anforderungen des bürgerlichen Alltags, worunter die Autoren selbst besonders leiden. Daraus ergibt sich auch Kritik am Philistertum und an einer sich selbst genügenden Bürgerlichkeit.

Das Kunstideal der Romantik lässt sich mit dem Begriff „progressive Universalpoesie" (Schlegel) zusammenfassen, in der sich alle Gattungen wiederfinden und sich das eigentliche Wesen der romantischen Poesie in einer Einheit von Kunst und Leben stets entwickelt, ohne jemals an ein Ende zu gelangen. Das romantische Kunstideal besteht im Streben nach einem universellen Sinnzusammenhang aus Mensch, Natur, Leben und Kunst, wobei Musik, Malerei, Epik und Lyrik besondere Bedeutung haben. Einen ebenso hohen Rang nimmt die Volksdichtung ein, in der manche Romantiker die vermeintliche Geborgenheit des Menschen im christlichen Kosmos des Mittelalters verklären; die in den Volksliedern leicht verständliche Sprache und einfache Form ermöglichen dem Dichter Freiheit von den Regeln, um sich den existenziellen Themen wie etwa „Einsamkeit", „Vergänglichkeit", „Reisen und Wandern" zuwenden zu können. In der „romantischen Ironie" erhebt sich der Dichter über die eigenen Grenzen und Schwächen, indem er sich des Zwiespalts von Ideal und Wirklichkeit, von Erfahrung und Phantasie sowie der Subjektivität des künstlerischen Zugriffs auf die Realität bewusst ist. Beispiel: „Mein Herz, mein Herz ist traurig./ Doch lustig leuchtet der Mai." (Heinrich Heine). Das romantische Motiv der „blauen Blume" symbolisiert die Sehnsucht nach dem die unmittelbare reale Welt transzendierenden Unerreichbaren. Bevorzugte Gattungen sind Epik (Erzählung, Märchen, Novelle, Roman) und Lyrik.

Beispieltext: Joseph von Eichendorff: *Sehnsucht* **(1834)**

Es schienen so golden die Sterne,
Am Fenster ich einsam stand
Und hörte aus weiter Ferne
Ein Posthorn im stillen Land.
5   Das Herz mir im Leib entbrennte,
Da hab ich mir heimlich gedacht:
Ach, wer da mitreisen könnte
In der prächtigen Sommernacht!

Zwei junge Gesellen gingen
10 Vorüber am Bergeshang,
Ich hörte im Wandern sie singen
Die stille Gegend entlang:

Von schwindelnden Felsenschlüften,
Wo die Wälder rauschen so sacht,
15 Von Quellen, die von den Klüften
Sich stürzen in die Waldesnacht.

Sie sangen von Marmorbildern,
Von Gärten, die überm Gestein
In dämmernden Lauben verwildern,
20 Palästen im Mondenschein,
Wo die Mädchen am Fenster lauschen,
Wann der Lauten Klang erwacht
Und die Brunnen verschlafen rauschen
In der prächtigen Sommernacht.

5.3.3 Vormärz und Junges Deutschland (ca. 1830-1848)

> **Typische Vertreter:**
> Ludwig Börne (1786 - 1837); Georg Büchner (1813 - 1837); Ferdinand Freiliggrath (1810 - 1876); Heinrich Heine (1797 - 1856); Georg Herwegh (1817 - 1875)

Vormärz

Für die Epoche zwischen 1815 und 1848 wird in der politischen Geschichte der Begriff „Restauration" verwendet. Damit werden Bestrebungen bezeichnet, liberale Reformen und demokratische Entwicklungen zu bremsen bzw. rückgängig zu machen und den gesellschaftlich-politischen Zustand vor dem Wiener Kongress (1814/1815) wiederherzustellen. Besonders die Karlsbader Beschlüsse (1819) führten die Pressezensur ein, stabilisierten Kleinstaaterei und absolutistische Herrschaftsstrukturen. Intellektuelle und künstlerische sowie gesellschaftspolitisch und radikaldemokratisch motivierte Kreise, vor allem aus dem liberalen Bürgertum, reagierten darauf verstärkt nach der französischen Julirevolution (1830) bis zur deutschen Märzrevolution (1848) in unterschiedlicher Weise. Neben Protestaktionen gegen den Polizeistaat, die häufig gewaltsam niedergeschlagen wurden und zu Verhaftungen und Flucht ins Exil führten, hatte das wachsende soziale Elend im Zuge einer sich verstärkenden Industrialisierung die Entstehung von sozialpolitisch motivierten Bewegungen zur Folge. Erst die Märzrevolution (1848) ermöglichte liberale Reformen und demokratische Entwicklungsprozesse.

Die Literatur zwischen 1830 und 1848 lässt sich in zwei Strömungen gliedern, die antirestaurative und revolutionäre Intentionen verfolgten:

- „Vormärz" bezeichnet die literarischen Bemühungen jener Autoren, die die revolutionären Entwicklungen dieser Zeit thematisch aufgegriffen und literarisch unterstützt haben. Sie wandten sich gegen reaktionär-restaurative Bestrebungen und vertraten demokratische Ideen. In Absetzung von den idealistischen Epochen Klassik und Romantik benutzten sie Literatur als Mittel zur Durchsetzung politischer Ziele; Heinrich Heine sprach daher vom „Ende der Kunstperiode".

- Das „Junge Deutschland" stellte eine Oppositionsgruppe dar, die vor allem in journalistischen Formen (z.B. Satire) (tages-)politische Zeitereignisse aufgriff und für demokratische Freiheiten kämpfte. Die Texte wurden deshalb 1835 vom Deutschen Bundestag wegen „staatsgefährdender" Inhalte verboten; wegen angeblicher Geringschätzung von Religion, Moral und Gesellschaftsordnung wurden die Autoren auch der Pressezensur unterzogen.

Im Unterschied zum idealistischen Menschenbild von Klassik und Romantik wurde nun der Einfluss prägender Faktoren auf das Wesen und Wirken des Menschen (Determination) berücksichtigt und literarisch gestaltet. Im Glauben an die Veränderbarkeit gesellschaftlicher Verhältnisse wurde die soziale Dimension menschlichen Lebens stärker ins Zentrum literarischer Bemühungen gestellt und der Mensch als politisches Wesen gesehen. Anstelle einer religiösen Sicht des Menschen wurden die innerweltlichen Aspekte betont und daher auch Forderungen nach Autonomie, Freiheit, Gerechtigkeit, Gleichberechtigung und Mitbestimmung erhoben. Die Literatur sah sich vor der Aufgabe, auf der Grundlage dieses Menschenbilds ethische Ziele zu verfolgen, um die Lebensbedingungen der Menschen durch einen gesellschaftspolitischen Bewusstseinsbildungsprozess zu verbessern.

Das Kunstverständnis von Vormärz (z.B. *Das freie Wort*) und Jungem Deutschland (z.B. *Die schlesischen Weber*) war geprägt von der grundsätzlich politischen Intention der Autoren. Um Verständlichkeit bei möglichst breiten Bevölkerungsschichten zu erreichen, pflegte man eine einfache und populäre Sprache (z.B. Dialekte, Umgangssprache) und Ironie als Stilmittel der unaufdringlichen, scheinbar humorvollen und unterhaltsamen Entlarvung von Missständen. Das Themenspektrum beschränkte sich daher auch auf gesellschaftliche, politische und soziale Missstände. Neben Drama und Lyrik wurden auch journalistisch-publizistische Gattungen (z.B. Briefe, Kommentare, Reiseberichte) und alternative Medien (z.B. Flugschriften) gepflegt.

Beispieltext: Georg Herwegh: ***Das freie Wort*** (1841)

Sie sollen alle singen	Ihr habet zugeschworen	Laßt eure Adler fliegen,
Nach ihres Herzens Lust;	So treu dem Vaterland,	Ihr Fürsten, in die Welt
Doch mir soll fürder klingen	Doch ihr seid all verloren 35	Und sie nicht müßig liegen
Ein Lied nur aus der Brust: 20	Und haltet nimmer stand,	Auf eurem Wappenfeld!
5 Ein Lied, um dich zu preisen,	Solang in West und Osten,	O jagt einmal die Raben
Du Nibelungenhort,	Solang in Süd und Nord	Aus unsern Landen fort,
Du Brot und Stein der Weisen,	Das beste Schwert muß rosten,	Und sprecht: Ihr sollt es haben,
Du freies Wort!	Das freie Wort! 40	Das freie Wort!
Habt ihr es nicht gelesen: 25	Ach! es will finster werden,	
10 Das Wort war vor dem Rhein?	Wohl finster überall,	
Im Anfang ist's gewesen	Doch ist die Nacht auf Erden	
Und soll drum ewig sein.	Ja für die Nachtigall.	
Und eh ihr einen Schläger	Heraus denn aus der Wolke,	
Erhebt zum Völkermord, 30	Die, Sänger, euch umflort;	
15 Sucht unsern Bannerträger,	Erst predigt eurem Volke	
Das freie Wort!	Das freie Wort!	

Beispieltext: Heinrich Heine: *Die schlesischen Weber* (1844)

Im düstern Auge keine Träne,
Sie sitzen am Webstuhl und fletschen die Zähne:
Deutschland, wir weben dein Leichentuch,
Wir weben hinein den dreifachen Fluch –
5   Wir weben, wir weben!

Ein Fluch dem Gotte, zu dem wir gebeten
In Winterskälte und Hungersnöten;
Wir haben vergebens gehofft und geharrt,
Er hat uns geäfft und gefoppt und genarrt –
10   Wir weben, wir weben!

Ein Fluch dem König, dem König der Reichen,
Den unser Elend nicht konnte erweichen,
Der den letzten Groschen von uns erpreßt
Und uns wie Hunde erschießen läßt –
15   Wir weben, wir weben!

Ein Fluch dem falschen Vaterlande,
Wo nur gedeihen Schmach und Schande,
Wo jede Blume früh geknickt,
Wo Fäulnis und Moder den Wurm erquickt –
20   Wir weben, wir weben!

Das Schiffchen fliegt, der Webstuhl kracht,
Wir weben emsig Tag und Nacht –
Altdeutschland, wir weben dein Leichentuch,
Wir weben hinein den dreifachen Fluch,
25   Wir weben, wir weben!

5.3.4   Biedermeier (ca. 1830-1848)

> **Typische Vertreter:**
> Annette von Droste-Hülshoff (1797 - 1848); Franz Grillparzer (1791 - 1872); Eduard Mörike (1804 - 1848);
> Adalbert Stifter (1805 - 1868)

Biedermeier

In der Literatur des „Biedermeier", die chronologisch parallel zu Spätromantik und Vormärz sowie zum Jungen Deutschland läuft, spiegelt sich die bürgerliche Enttäuschung über die restaurative Entwicklung in Politik und Gesellschaft und daraus resultierende Resignation mit Rückzugstendenz ins Private. Die biedermeierliche Mentalität ist unpolitischer und wertkonservativer Natur und zeigt eine schwermütig-melancholische Tendenz, wobei man versuchte, die schwierigen Lebensverhältnisse durch ein gewisses Maß an Realitätsflucht, Ordnung und rationale Gestaltung privater Lebensverhältnisse zu bewältigen. Im Unterschied zu den Strömungen „Vormärz" und „Junges Deutschland" knüpfte man an das Kunstverständnis von Klassik und Romantik mit den Idealen des Wahren, Guten und Schönen an. Obwohl die problematischen Entwicklungen in Politik und Gesellschaft durchaus wahrgenommen wurden, versuchten die Literaten durch die Hochschätzung traditioneller Werte (z.B. Familie, Gott, Natur) im Gegensatz zur belastenden Umwelt eine behagliche Innenwelt zu schaffen, in der man Geborgenheit und Sinnerfüllung im Einklang von seelischen Grundbedürfnissen, sozialer Umwelt und Natur bzw. Schöpfung zu finden hoffte.

Im Menschenbild knüpft das Biedermeier an die Klassik an, insofern der Glaube an die Entwicklung des Menschen auf dem Weg der Selbsterziehung zu einer harmonischen Persönlichkeit das literarische Schaffen bestimmte; allerdings wurde damit kein gesellschaftspolitischer Reformansatz verfolgt. Im Unterschied zur Romantik ist der biedermeierliche Mensch bescheiden, demütig und strebt nicht sehnsuchtsvoll nach Entgrenzung; es geht ihm um eine ausgeglichene, maßvolle Haltung, wie sie sich in Kunsterlebnissen, Familiensinn und religiöser Besinnung zeigt.

Das Kunstideal des Biedermeier ist von einer einfachen und zugleich bildhaften Sprache bestimmt. In der lebensnahen Zuwendung zur unmittelbaren Wirklichkeit wird den Einzelheiten große Beachtung geschenkt, weniger den formalen Vorgaben. Kunst ist Quelle der Erschaffung einer heilen Welt, wie sie in der dörflichen Gemeinschaft, der Familie und der überschaubaren bürgerlichen Idylle erfahrbar ist. Alle drei Großgattungen können im Biedermeier auftreten.

Beispieltext: Eduard Mörike: *An die Geliebte* (1830)

Wenn ich, von deinem Anschaun tief gestillt,
Mich stumm an deinem heilgen Wert vergnüge,
Dann hör ich recht die leisen Atemzüge
Des Engels, welcher sich in dir verhüllt.

5   Und ein erstaunt, ein fragend Lächeln quillt
Auf meinem Mund, ob mich kein Traum betrüge,
Daß nun in dir, zu ewiger Genüge,
Mein kühnster Wunsch, mein einzger, sich erfüllt?

10   Von Tiefe dann zu Tiefen stürzt mein Sinn,
Ich höre aus der Gottheit nächtger Ferne
Die Quellen des Geschicks melodisch rauschen.

Betäubt kehr ich den Blick nach oben hin,
Zum Himmel auf - da lächeln alle Sterne;
Ich kniee, ihrem Lichtgesang zu lauschen.

5.3.5 Bürgerlicher/Poetischer Realismus (ca. 1848-1890)

> **Typische Vertreter:**
> Theodor Fontane (1819 - 1898); Friedrich Hebbel (1813 - 1863); Gottfried Keller (1819 - 1890); Conrad Ferdinand Meyer (1825 - 1898); Wilhelm Raabe (1831 - 1910); Theodor Storm (1817 - 1888)

Zunächst beschreibt der Begriff „Realismus" eine gesamteuropäische Tendenz in der Literatur, im Gegensatz zum Idealismus die empirisch erfahrbare Wirklichkeit möglichst detailgetreu, korrekt und unmittelbar abzubilden; auch die Literatur der Restauration kann daher zu den realistischen Strömungen gerechnet werden. Im engen Sinne versteht man darunter die als „Bürgerlicher" oder „Poetischer Realismus" bezeichnete Phase im Anschluss an die Revolution von 1848/49 bis zum Rücktritt Bismarcks (1890).

Realismus

Den historischen Hintergrund für die zweite Hälfte des 19. Jahrhunderts bilden die Industrialisierung, der technische Fortschritt, die Beschleunigung der Lebensverhältnisse sowie die Urbanisierung und die damit verbundene gesellschaftliche Ausdifferenzierung mit einer Stärkung des Großbürgertums im Zuge des Wandels von der Agrar- zur Industriegesellschaft und der Einführung der Gewerbefreiheit sowie der Entwicklung des Industrieproletariats. In Deutschland herrschte ein Primat der Außenpolitik vor dem Hintergrund kriegerischer Auseinandersetzung, insbesondere im Deutsch-Französischen Krieg (1870/71), woran sich eine innenpolitische Konsolidierung durch die Politik Bismarcks anschloss, der mit dem Kulturkampf, den Sozialistengesetzen und der Sozialgesetzgebung das 1871 gegründete kleindeutsche Reich stabilisieren und zukunftsfest machen wollte. Mit dem Regierungsantritt Kaiser Wilhelms II. (1888) wurde eine neue Epoche deutscher Politik und Gesellschaftsgeschichte eingeleitet. In geistig-kultureller Hinsicht wurden Entwicklungen wirkmächtig, die das Menschen- und Wirklichkeitsbild entscheidend prägten: Mit dem relativen Bedeutungsverlust von Glaube und Religion ging eine Hinwendung zur Welt (Säkularisierung) einher, die im Positivismus und Materialismus als wissenschaftliche Methoden zur Erkenntnis der Wirklichkeit ihren zeitgemäßen Ausdruck finden. Die Vorstellung vom Menschen wurde besonders durch den Sozialdarwinismus und den Liberalismus geprägt. Der Mensch „als Ensemble der gesellschaftlichen Verhältnisse" (Karl Marx) strebt nach Freiheit, Gleichheit und Gerechtigkeit – Ideale, wie sie vom Sozialismus hinsichtlich einer Beseitigung gesellschaftlicher Missstände vertreten wurden. Eine atheistische Weltsicht gewinnt zunehmend an Einfluss; auch Nitzsches Nihilismus prägte die Literatur.

Das Menschenbild des Realismus ist zwar noch von der Überzeugung geleitet, dass die Humanität das höchste Ziel sei. Abseits aller idealistischen oder religiösen Deutung wird es nun aber als erstrebenswerte Form des Glücks im persönlichen, aber auch im gesellschaftlichen Bereich gesehen. Im Bewusstsein der Determination des Menschen sollen Gleichberechtigung und Selbstbestimmung angestrebt und individuelle Entwicklungsspielräume genutzt werden; gesellschaftliche

Konventionen (z.B. Ehrenkodex, religiöse Lebenskonzepte) werden hinterfragt und auf ihre Echtheit und Überzeugungskraft hin geprüft. Teilweise geht man von einer ethisch-moralischen Höherstellung des (bürgerlichen) Individuums aus. Spürbar ist ein gewisses Maß an Orientierungslosigkeit im Kontext verlorener traditioneller Werte, ohne dass diese durch neue Ideale ersetzt wurden.

Das Kunstideal des Poetischen Realismus ist davon bestimmt, dass die Literatur die möglichst objektiv dargestellte Wirklichkeit in verklärender Weise thematisieren müsse. Dies setzt eine mittlere Stilebene (zwischen der Klassik einerseits und dem Vormärz andererseits) sowie die Berücksichtigung milieuspezifischer Aspekte (z.B. Dialekt, Soziolekt, schichtspezifische Requisiten) voraus. Der Poetische Realismus grenzt sich aber auch von einer empirisch-objektiven Imitation der Realität ab und unterwirft sich dem poetischen Formgesetz, wonach das Hässliche und Niedere, das soziale Elend und Missstände jeglicher Art eher ignoriert werden; Ästhetik ist ein Ergebnis einer literarischen Auswahl aus der Wirklichkeit, keine natürliche Gegebenheit. Ironie und Humor sind ebenso wie psychologisierende Beschreibungen beliebte Mittel poetisch-realistischer Darstellung des Brüchigen, Unvollkommenen und Vorläufigen; es finden sich aber auch negative Tendenzen wie Resignation und Pessimismus angesichts der Enttäuschungen über die unzureichende Realisierung liberaler und demokratischer Bestrebungen. Als Themen spielen Ehe, Erziehung, Familie, Heimat, Konventionen, Liebe, Vergänglichkeit eine hervorgehobene Rolle. Zu beachten ist, dass es vor allem bürgerliche Autoren waren, die wiederum für Bildungsbürger schrieben, was Stil, Figuren- und Themenwahl entscheidend beeinflusste. Die Dichter sehnen sich als illusionslose Beobachter. Die Epik (v.a. Roman, Novelle) dominierte die Literatur; nur in der Frühphase spielte auch Lyrik noch eine gewisse Rolle.

Beispieltext: Theodor Storm: ***Die Stadt*** (1852)

Am grauen Strand, am grauen Meer	Doch hängt mein ganzes Herz an dir,
Und seitab liegt die Stadt;	Du graue Stadt am Meer;
Der Nebel drückt die Dächer schwer,	Der Jugend Zauber für und für
Und durch die Stille braust das Meer	Ruht lächelnd doch auf dir, auf dir,
5 Eintönig um die Stadt.	15 Du graue Stadt am Meer.

Es rauscht kein Wald, es schlägt im Mai
Kein Vogel ohne Unterlass;
Die Wandergans mit hartem Schrei
Nur fliegt in Herbstes Nacht vorbei,
10   Am Strande weht das Gras.

5.3.6 Naturalismus (ca. 1880-1900)

> **Typische Vertreter:**
> Gerhart Hauptmann (1862 - 1946); Arno Holz (1863 - 1929); Johannes Schlaf (1862 - 1941)

Naturalismus

In radikaler und konsequenter Fortsetzung des Realismus zielt der Naturalismus auf eine möglichst genaue Darstellung der Wirklichkeit in Gesellschaft und Natur und entledigte sich dabei des Verklärenden, Poetischen und Bürgerlichen, indem es primär um die Wiedergabe der realen Verhältnisse geht. Die Dichter warfen in ihrem literarischen Schaffen einen ungeschönten Blick auf die Brutalität des sozialen Elends. In Opposition zu Obrigkeitsstaat, Nationalismus, Klerikalismus und Kapitalismus knüpfte man an die zentralen Intentionen des Vormärz ein, indem Kritik an ungerechten gesellschaftlichen Zuständen geübt wurde. Den geistesgeschichtlichen Hintergrund bildete eine von den Naturwissenschaften geprägte Wirklichkeitssicht verbunden mit einer Sinnkrise, die sich aus dem Verlust von Traditionen und der Sehnsucht nach Neuorientierung in einer Zeit vielfältiger Umbrüche in Gesellschaft, Politik, Wirtschaft und Wissenschaft ergab.

Das Menschenbild erhielt seine Prägung durch die deterministische Milieutheorie, wonach Vererbung, soziales Umfeld und materielle Rahmenbedingungen das Handeln bis hin zur totalen Unfreiheit einschränken. Das Fehlen einer transzendenten Orientierung sowie die Fragwürdigkeit moralischer Kategorien wie Gut und Böse führte zu einer Verlagerung der Verantwortung auf Politik und gesellschaftliche Eliten, bei denen man die Ursachen für individuelles Fehlverhalten und gesellschaftliche Missstände sah. Damit vollzieht nun die Literatur endgültig die Abkehr vom Idealismus, knüpft an innerweltliche Kausalzusammenhänge an und erstrebt reale sozialethische Ziele wie Gerechtigkeit, Gleichheit, Wohlstand anstelle individueller Ideale wie Bildung, Freiheit oder Humanität. Im Zentrum steht die Situation des Durchschnittsmenschen als Produkt seiner Verhältnisse.

Das Kunstideal lässt sich mit der Formel von Arno Holz „Kunst = Natur – x" auf den Punkt bringen: Aufgabe der Literatur ist es, die Natur möglichst direkt und unverfälscht darzustellen, was allein durch die Subjektivität des Autors (in seiner Themenwahl und persönlichen Art der Darstellung) nicht möglich ist. Eine Verbesserung menschlicher Lebensverhältnisse als Ziel der Kunst ist aber nur erreichbar, wenn die Realität möglichst exakt, detailgetreu und objektiv beobachtet und dargestellt wird. Die Authentizität der Sprache zeigt sich in der Verwendung von Dialekt, Soziolekt und Umgangssprache, ebenso in präzisen Regieanweisungen und im Sekundenstil, d.h. in der Identität von Erzählzeit und erzählter Zeit bei der Wiedergabe wörtlicher Reden (z.B. durch Wiedergabe von Sprechpausen, Stottern, Versprecher) und von Vorgängen bzw. Handlungen. Die Figurengestaltung muss der gesellschaftlichen Realität möglichst nahekommen. Das gilt auch für die Themen, bei denen es vorrangig um existenzielle Schwierigkeiten, Beziehungs- und Familienprobleme, Heuchelei und Doppelmoral sowie Formen und Auswirkungen sozialen Elends (z.B. Alkoholismus, Unterdrückung der Frau, gestörte Sexualität) geht. Entsprechend der deterministischen Milieutheorie sind das sozialkritische Drama und mittlere bis größere Formen der Epik bevorzugte Gattungen. Die Autoren stammen vorwiegend aus dem liberalen Kleinbürgertum.

Beispieltext: Arno Holz: ***Ein Andres*** **(1886)**

Fünf wurmzernagte Stiegen geht's hinauf
Ins letzte Stockwerk einer Miethskaserne;
Hier hält der Nordwind sich am liebsten auf
Und durch das Dachwerk schaun des Himmels Sterne.
5 Was sie erspähn, o, es ist grad genug,
um mit dem Elend brüderlich zu weinen:
Ein Stückchen Schwarzbrod und ein Wasserkrug,
Ein Werktisch und ein Schemel mit drei Beinen.

Das Fenster ist vernagelt durch ein Brett
10 Und doch durchpfeift der Wind es hin und wieder
Und dort auf jenem strohgestopften Bett
Liegt fieberkrank ein junges Weib darnieder.
Drei kleine Kinder stehn um sie hernieder.
Die stieren Blicks an ihren Zügen hangen,
15 Vor vielem Weinen ward in Mündlein stumm
Und keine Thräne mehr netzt ihre Wangen.

20 Ein Stümpfchen Talglicht giebt nur trüben Schein,
Doch horch, es klopft, was mag das nur bedeuten?
Es klopft und durch die Thür tritt nun herein
Ein junger Herr, geführt von Nachbarsleuten.
Der Armenhilfsarzt ist's aus dem Revier,
Den sie geholt aus Mitleid mit der Kranken,
Indeß ihr Mann bei Branntwein oder Bier
Sich selbst betäubt und seine Wuthgedanken.

25 Der junge Doctor aber nimmt das Licht
Und tritt mit ihm ans Bett des armen Weibes,
Doch gelb wie Wachs und spitz ist ihr Gesicht
Und kalt und starr die Glieder ihres Leibes.
Da schluchzt sein Herz, indeß das Licht verkohlt,
30 Von nie gekannter Wehmuth überschlichen:
Weint, Kinder, weint! ich bin zu spät geholt,
Denn eure Mutter ist bereits - verblichen!

5.3.7   Strömungen der Jahrhundertwende (ca. 1890-1920)

Dazu zählen: Décadence, Fin-de-Siècle-Literatur, Impressionismus, Jugendstil, Neoromantik, Symbolismus.

> **Typische Vertreter:**
> Stefan George (1868 - 1933); Hugo von Hofmannsthal (1874 - 1929); Friedrich Nietzsche (1844 - 1900);
> Rainer Maria Rilke (1875 - 1926); Arthur Schnitzler (1862 - 1931); Frank Wedekind (1864 - 1918)

Literatur der
Jahrhundert-
wende

Die Phase der Wende vom 19. zum 20. Jahrhundert war eine Zeit großer Umbrüche, die von massiven gesellschaftlichen, kulturellen, philosophischen, politischen und wissenschaftlichen Veränderungsprozessen geprägt war. Das herrschende Lebensgefühl bestand daher aus Desorientierung, Ungewissheit und Bewusstsein der Fragilität des Seins bis hin zur existenziellen Verunsicherung in der kollektiven Erfahrung der Sinnkrise in einer unübersichtlicher werdenden Welt. Bisherige Traditionen und Vorstellungen (z.B. Nationalismus, Konservativismus, Militarismus) verloren ihre Bedeutung, neue Möglichkeiten eröffneten zwar Entwicklungsperspektiven, vermochten aber aufgrund mangelnder Bewährung noch nicht wirklich zu überzeugen. Das Weltbild war stärker denn je von Naturwissenschaft und Technik bestimmt, infolgedessen das gesellschaftliche Klima von Beschleunigung, Rationalisierung und Ökonomisierung geprägt wurde. So treten in dieser Zeit auch verschiedene, schwer voneinander abgrenzbare literarische Strömungen und Stilrichtungen auf (Stilpluralismus), deren Gemeinsamkeit in der Abkehr von Realismus und Naturalismus sowie in der Hinwendung zur innwendigen Welt der Seele und zum Subjektiven lag.

Im Unterschied zur Kunstperiode von Klassik und Romantik, die sich ebenfalls auf das Subjekt als Ausgangspunkt von Bildungsprozessen in der Interaktion mit der Welt bezogen, herrschte in der Literatur der Jahrhundertwende Skepsis gegenüber den Möglichkeiten des Menschen, seinem Leben einen eindeutigen, nachhaltigen und tragfähigen Sinn zu verleihen, von dem her seine Erfahrungen mit der Welt erklärbar und die Herausforderungen zu bewältigen gewesen wären. Den Hintergrund für dieses Menschenbild stellten die „Kränkungen der Menschheit" (Sigmund Freud) durch die Evolutionstheorie Darwins, die Psychoanalyse Freuds, die Quantentheorie Plancks und die Relativitätstheorie Einsteins dar, die das Vertrauen in die Erklärbarkeit der Welt und die Bedeutung und Erkenntnismöglichkeiten des Menschen erschütterten. Die Jahrhundertwende erscheint daher einerseits im Zeichen des Abschieds und Verfalls herkömmlicher Sicherheiten, andererseits als Phase des Aufbruchs und neuer Möglichkeiten, sodass auch vom Beginn der (literarischen) Moderne gesprochen wird. Nietzsches Nihilismus mit seiner „Entwertung" traditioneller Werte und seiner Theorie vom Übermenschen bildete zwar den geistesgeschichtlich-philosophischen Hintergrund, war aber keine konkrete Hilfe zur Bewältigung existenzieller Herausforderungen, zumal Glaube und Religion ihre Bedeutung als Sinnquelle weiter verloren.

In klarer Abgrenzung vom realistisch-naturalistischen Kunstideal entwickelte sich eine starke Tendenz zum Ästhetizismus (l'art pour l'art), wonach der Kunst ein Eigenwert zukam und deren ehemals realitätsabbildende, gesellschaftsverändernde und politische Funktion verloren ging. Trotz grundsätzlicher Sprachskepsis bemühte man sich vor allem über bildhafte, eindringliche, lyrische Stilmittel das Wesen der Wirklichkeit zu erfassen. So entwickelten sich in der Epik die Darbietungsformen Bewusstseinsstrom, erlebte Rede und innerer Monolog, womit man den innerseelischen Prozessen in der personalen Erzählhaltung möglichst nahe kommen wollte. Generell wurden der ästhetischen Form und subjektiven künstlerischen Gestaltung wieder mehr Beachtung geschenkt als in der Literatur des Realismus. Es dominierten epische und lyrische Texte, während es im Drama vor allem eine Tendenz zu Einaktern gab.

Strömungen in der Literatur der Jahrhundertwende

- **Décadence/Fin-de-Siècle-Literatur**: Betonung des sinnlich Schönen als Ergebnis intensiver, sensibler Wahrnehmung im Kontrast zu den verfallenden bürgerlichen Werten; besondere Bedeutung der Kunst als von der gesellschaftlichen Wirklichkeit abgegrenzter und unberührter Bereich

- **Impressionismus**: intensiver Ausdruck sinnlich eindrucksvoller, unmittelbarer Beobachtungen, Empfindungen, Gefühle, Stimmungen und Wahrnehmungen

- **Jugendstil**: innovative ästhetische Gestaltung des Alltags durch dekorative, stilisierte, ausgefallene ornamentale Darstellungen

- **Neoromantik**: Verklärung der Natur, Wiederaufnahme romantischer Motive (z.B. Welt der Träume, Sehnsucht nach Heimat, Innerlichkeit, Magie) in Anknüpfung an Freuds Psychoanalyse

- **Symbolismus**: Kunst als ästhetisches Erlebnis mit Eigenwert; kunst- und fantasievolle Herstellung einer Stimmung und eines Sinnzusammenhangs durch symbolische Repräsentation im Text; Ausrichtung auf einen immateriellen Wert (z.B. Frühling) oder Gegenstand (z.B. Karussell)

Das Kunstideal der Literatur der Jahrhundertwende ist insgesamt auf Individualität und Subjektivität sowie auf Ästhetizismus ausgerichtet. **Beispieltexte für Impressionismus und Symbolismus:**

Hugo von Hofmannsthal: *Die Beiden* (ca. 1896)

Sie trug den Becher in der Hand
– Ihr Kinn und Mund glich seinem Rand –,
So leicht und sicher war ihr Gang,
Kein Tropfen aus dem Becher sprang.

5 So leicht und fest war seine Hand:
Er ritt auf einem jungen Pferde,
Und mit nachlässiger Gebärde
Erzwang er, dass es zitternd stand.

10 Jedoch, wenn er aus ihrer Hand
Den leichten Becher nehmen sollte,
So war es beiden allzu schwer:

Denn beide bebten sie so sehr,
Dass keine Hand die andre fand
Und dunkler Wein am Boden rollte.

Rainer Maria Rilke: *Der Panther* (1903)

Sein Blick ist vom Vorübergehen der Stäbe
so müd geworden, dass er nichts mehr hält.
Ihm ist, als ob es tausend Stäbe gäbe
und hinter tausend Stäben keine Welt.

5 Der weiche Gang geschmeidig starker Schritte,
der sich im allerkleinsten Kreise dreht,
ist wie ein Tanz von Kraft um eine Mitte,
in der betäubt ein großer Wille steht.

10 Nur manchmal schiebt der Vorhang der Pupille
sich lautlos auf — Dann geht ein Bild hinein,
geht durch der Glieder angespannte Stille —
und hört im Herzen auf zu sein.

5.3.8 Expressionismus (ca. 1910-1925)

> **Typische Vertreter:**
> Gottfried Benn (1886 - 1956); Walter Hasenclever (1890 - 1940); Georg Heym (1887 - 1912); Jakob von Hoddis (1887 - 1942); Georg Trakl (1887 - 1914)

Expressio-
nismus

Der Begriff „Expressionismus" (lat. *expressio* = Ausdruck) wurde 1911 für eine Berliner Sammelausstellung französischer Maler verwendet und auf die Literatur übertragen. Als Gegenströmung zu Realismus, Naturalismus, Impressionismus und Symbolismus streben seine Vertreter den absoluten Ausdruck des Erlebens an. Es handelt sich zunächst um eine gesellschaftlich-kulturelle Anti-Bewegung gegen das autoritäre und konservative wilhelminische Bürgertum, seine überkommenen Wertvorstellungen und erstarrten Konventionen. Zudem setzte man sich vom kapitalistischen Wirtschaftssystem mit seiner rasanten Beschleunigung und der Massenkultur (v.a. Rundfunk und Film) ebenso ab wie von dem die Menschlichkeit bedrohenden technischen Fortschritt, v.a. auch von der wachsenden Urbanisierung. Der Erste Weltkrieg (1914-1918) mit seiner Vorgeschichte (v.a. Nationalismus, Hochrüstung und Militarismus, Isolation des Deutschen Reiches), aber auch seinen Auswirkungen (z.B. Abdankung des Kaisers, Ablösung der Monarchie durch die Republik Versailler Vertrag, Reparationszahlungen, Bürgerkriege, Dolchstoßlegende, Weimarer Republik, Inflation) prägte den Expressionismus in thematischer Hinsicht vor allem durch die vielschichtige Erfahrung von Verletzung, Verlust und Tod.

Das Menschenbild des Expressionismus geht von der Grunderfahrung des „Ich-Zerfalls" aus und ist zugleich mit dem Ruf nach dem „neuen Menschen" verbunden. Wie in der Literatur der Jahrhundertwende besteht das dominierende Lebensgefühl in der Orientierungslosigkeit des in sich zerrissenen und verlorenen Menschen, der die existenzielle Frage nach dem Sinn des Lebens unbeantwortet lassen muss („Menschheitsdämmerung"). Er sehnt sich danach, seinen Wesenskern zu finden und im Einklang mit seinen Mitmenschen zu leben – doch diese Sehnsucht bleibt unerfüllt. Insbesondere in der anonymen, beschleunigten und technisierten Großstadt erlebt sich das Subjekt als sich selbst entfremdetes Individuum. Vor dem Hintergrund einer beschleunigten und radikalen Änderung der Lebensbedingungen und -verhältnisse entwickelten die Expressionisten Visionen, Utopien und apokalyptische Bilder (z.B. das Weltende) für eine neue Sicht des Menschen, der Gesellschaft und eine veränderte Wahrnehmung der Wirklichkeit. Technikskepsis und Zivilisationskritik gehörten zu den zentralen Motiven des kulturellen Schaffens der Expressionisten. Neben der Befreiung von Angst und Zwängen wurde der Generationenkonflikt (insbesondere der Vater-Sohn-Konflikt) literarisch aufgearbeitet; die Schrecken des Krieges und dessen Folgen mündeten in eine pazifistische Grundhaltung. Endzeitstimmung und Aufbruchseuphorie bestimmten die Atmosphäre des Expressionismus.

Die Literatur bezog nun auch Tabuthemen (z.B. Armut, Krankheit, Prostitution, Tod) sowie die Ästhetik des Hässlichen mit ein. Damit verbunden war ein ganz neuer Umgang mit Konventionen und Traditionen in Sprache und Form (z.B. Strophenform, Metrum, Reimschema). Die expressive Darstellung intendierte Intensität und erreichte diese durch Brüche und Reduktion in der Syntax, Wortneuschöpfungen und drastische Farbmetaphorik, antithetische Verknüpfungen (z.B. Synästhesien), gewagte (bis bizarre) Metaphern; typisch expressionistisch ist der Reihungs- und Simultanstil. Lyrik und Dramatik waren bevorzugte Gattungen.

Beispieltext: Jakob von Hoddis: *Weltende* (1911)

Dem Bürger fliegt vom spitzen Kopf der Hut,

In allen Lüften hallt es wie Geschrei.

Dachdecker stürzen ab und gehn entzwei

Und an den Küsten – liest man – steigt die Flut.

5 Der Sturm ist da, die wilden Meere hupfen

An Land, um dicke Dämme zu zerdrücken.

Die meisten Menschen haben einen Schnupfen.

Die Eisenbahnen fallen von den Brücken.

5.3.9 Literatur der Weimarer Republik: Neue Sachlichkeit (ca. 1918-1933)

Typische Vertreter:
Bertolt Brecht (1898 - 1956); Alfred Döblin (1878 - 1957); Erich Kästner (1899 - 1974); Ödön von Horvath (1901 - 1938); Heinrich Mann (1891 - 1950); Robert Musil (1880 - 1942); Kurt Tucholsky (1890 - 1935); Carl Zuckmayer (1896 - 1977); Stefan Zweig (1888 - 1942)

Neue Sachlichkeit

Teilweise chronologisch parallel zum Expressionismus lässt sich eine sehr heterogene literarische Strömung feststellen, die sich während der politischen Phase der Weimarer Republik von der Novemberrevolution 1918/19 bis zur Machtergreifung Hitlers 1933 ansetzen lässt. Zwar spielten alle geistigen, gesellschaftlichen, wissenschaftlichen Entwicklungen eine Rolle, die zur Jahrhundertwende verstärkt auftraten, doch waren für diese literarische Epoche, die auch unter dem Namen „Neue Sachlichkeit" auftritt, vor allem die politischen und wirtschaftlichen Umstände entscheidend. Die Krisenjahre der Weimarer Republik mit den zu bewältigenden Folgen des Ersten Weltkrieges (z.B. alleinige Kriegsschuld Deutschlands), der politisch-gesellschaftlichen Instabilität (politische Radikalisierung, zunehmende Infragestellung der jungen deutschen Demokratie) und den wirtschaftlichen Belastungen (Reparationszahlungen, Inflation 1923, Börsenkrach, Weltwirtschaftskrise 1929, Massenarbeitslosigkeit) hatten unmittelbare Auswirkungen auf Selbstverständnis, Thematik und Stilrichtungen der Literatur; daneben waren die „Goldenen Zwanziger" (1924-1929) eine Phase innovativen kulturellen Lebens (Film, Kabarett, Kino, Nachtleben), die aber nur für die relativ kleine gesellschaftliche Gruppe großstädtischen Bürgertums von Bedeutung war. Hinzu kommt die den Einzelnen oft überfordernde Erfahrung von Massenproduktion und Massenmedien. So erfolgt eine sachlich-nüchterne oder auch satirische Hinwendung zur Alltagswelt mit ihren konkreten sozialen und wirtschaftlichen Problemen; die Veränderungen der Zeit (z.B. die Auswirkungen der Gesellschaft auf das Individuum) wurden in der Literatur entweder ignoriert oder Gegenstand bewusster Aufklärung.

Für das Menschenbild war das Schwellenzeit-Grundgefühl und die Erfahrung als homo oeconomicus in der kapitalisierten Wirtschaft prägend: Alte Gewissheiten sind verloren – neue Lebensentwürfe oder Ideale haben sich noch nicht bewährt. Die Erfahrungen und Folgen des Krieges haben den Menschen die Brüchigkeit und die Determination des Lebens brutal vor Augen geführt: Demütigung, Resignation, Scham und Unsicherheit sind Varianten des Lebensgefühls dieser Zeit. Die Haltung dem Leben gegenüber ist desillusioniert, emotionslos und rational. Man ist sich der Widersprüchlichkeit der Zeit bewusst und daher nicht zu einem geschlossenen, ganzheitlichen Menschenbild fähig; die empirischen Wissenschaften erklären nur einzelne Dimensionen des Menschseins (z.B. psychische, physische, soziale), ohne einen ideellen Gesamtentwurf erreichen zu können.

Entgegen der pathetisch-übersteigerten Ausdrucksweise des Expressionismus ist der Stil der Neuen Sachlichkeit durch eine distanzierte, einfache und unmittelbar verständliche, bisweilen skeptisch-ironische, schmucklose Sprache charakterisiert. In großer Alltags- und Lesernähe werden konkrete Fragen und Probleme der Menschen thematisiert, wobei determinierende Einflüsse der politischen, sozialen und wirtschaftlichen Lebensbedingungen mit in Betracht gezogen werden; das Leben in der Großstadt greift thematisch das Phänomen der Urbanisierung auf. So entwickelt sich die Gebrauchsliteratur (z.B. Reportagen, Gebrauchslyrik) als akzeptierte und geschätzte Sparte; auch dokumentarische und journalistische Formen werden als Teil der Literatur anerkannt. Mit der Simultantechnik wird eine Methode eingeführt, die es erlaubt, räumlich getrennte Handlungen oder Geschehnisse gleichzeitig darzustellen; mit der Montagetechnik lassen sich verschiedene Wirklichkeitsausschnitte sequentiell aneinanderreihen. Gesellschafts-, Zeit- und Großstadtromane sind beliebte epische Gattungen; auch Lyrik und Drama (Zeit- und Volks- stück, Beginn des Epischen Theaters) dienen als herkömmliche Gattungsformen für die Literatur der Neuen Sachlichkeit.

Beispieltext: Erich Kästner: *Sachliche Romanze* (1928)

Als sie einander acht Jahre kannten
(und man darf sagen: sie kannten sich gut)
kam ihre Liebe plötzlich abhanden.
Wie andern Leuten ein Stock oder Hut.

5   Sie waren traurig, betrugen sich heiter,
versuchten Küsse, als ob nichts sei,
und sahen sich an und wussten nicht weiter.
Da weinte sie schließlich. Und er stand dabei.

Vom Fenster aus konnte man Schiffen winken.
10 Er sagte, es wäre schon Viertel nach vier
und Zeit, irgendwo Kaffee zu trinken.
Nebenan übte ein Mensch Klavier.

Sie gingen ins kleinste Café am Ort
und rührten in ihren Tassen.
15 Am Abend saßen sie immer noch dort.
Sie saßen allein, und sie sprachen kein Wort
und konnten es einfach nicht fassen.

5.3.10 Literatur zwischen 1933 und 1945

NS-Literatur &
Exilliteratur

Dazu zählen: Exilliteratur, Literatur der „Inneren Emigration" und literarischer Widerstand.

Typische Vertreter:
Bertolt Brecht (1898 - 1956); Lion Feuchtwanger (1884 - 1958); Thomas Mann (1875 - 1955); Joseph Roth (1894 - 1939); Anna Seghers (1900 - 1983); Reinhold Schneider (1903 - 1958)

Das Ende der Weimarer Republik bedeutete zugleich den Beginn der nationalsozialistischen Herr- schaft, die mit ihrer völkisch-rassistischen Ideologie das gesamte kulturelle, politische, soziale und wirtschaftliche Leben totalitär durchdrang und gleichschaltete. Nach der Machtergreifung erfolgte die Abschaffung der Grundrechte (28.2.1933), die Aufhebung der Länder (1933/34), das Verbot der Parteien (bis Juli 1933) und mit den Nürnberger Gesetzen (1935) wurde die Grundlage für die systematische Judenverfolgung geschaffen, die zur Reichsprogromnacht (1938) führte. Der Zweite Weltkrieg (1939-1945) und der Völkermord an den Juden brachte unsägliches und unvor- stellbares Leid und führte Deutschland schließlich mit der Kapitulation der Wehrmacht (1945) in die Stunde Null.

Die erste großangelegte Bücherverbrennung am 10.05.1933 signalisierte, dass sich die Litera- tur der Ideologie zu unterwerfen oder Widerstand zu leisten hatte. So gab es neben der staatlich gleichgeschalteten faschistischen Blut-und-Boden-Literatur die Möglichkeiten „Widerstand", „Inne- re Emigration" und „Exil":

- Über 2000 Literaten gingen aufgrund ihrer Herkunft, künstlerischen Aktivität oder poli- tischen Haltung ins Ausland, um im Exil unter meist schwierigen Lebensbedingungen die deutsche Kulturtradition weiterzupflegen, gerieten dabei aber oft in existenzielle und künstlerische Krisen, die nicht selten im Selbstmord endeten. Sie setzen sich v.a. mit dem

Thema „Heimat" und deren Verlust auseinander; die Erfahrungen Entfremdung, Entwurzelung und der Kampf um die Existenz führten auch zu Sprachverlust und Todessehnsucht. Sowohl den Exil- als auch den Emigrantenautoren war die Bewahrung der humanistischen Tradition im Kontext ihrer existenziellen Bedrohung ein Herzensanliegen.

- Autoren der Inneren Emigration waren im Untergrund oder getarnt tätig, verschlüsselten ihre Botschaften und Texte. Sie lebten in Angst, Verfolgung, Zukunftsunsicherheit, aber auch in der Hoffnung auf Neubeginn.

- Vor allem auf Flugblättern und in bestimmten Zeitungen wurden von politisch engagierten, demokratisch gesinnten Autoren aus humanistischer oder christlicher Motivation die Verbrechen der NS-Diktatur angeprangert und es wurde zum Widerstand aufgerufen.

Das Menschenbild war entweder von der nationalsozialistischen Rassenideologie geprägt oder von der europäisch-humanistischen Tradition (Menschenwürde, Grundrechte, Freiheit, Demokratie).

Wegen der Gefahr für Leib und Leben herrschte in der nichtideologischen Literatur der Stil einer bildhaften, indirekten, verschlüsselten Ausdrucksweise. Ein einheitliches poetologisches Konzept war nicht erkennbar; die Opposition gegen die NS-Ideologie und der Einsatz für Humanität einte die Dichter des Widerstands, der Inneren Emigration und des Exils. In der epischen Literatur gibt es neben den völkisch-historisierenden Romanen der Parteigänger auch Deutschland- und Exilromane. Die NS-Lyrik, die von erschütternder Brutalität und Primitivität bestimmt war, diente der faschistischen Propaganda, während Naturlyrik und formal sehr freie Exilgedichte thematisch im Dienste der Humanität verfasst wurden; die NS-Literatur bediente sich zur Propaganda auch des Dramas mit historischen Stoffen, die ideologisch überformt wurden.

Beispieltext für Exilliteratur: Bertolt Brecht: *Schlechte Zeiten für Lyrik* (1938/41)

Ich weiß doch: nur der Glückliche
Ist beliebt. Seine Stimme
Hört man gern. Sein Gesicht ist schön.

Der verkrüppelte Baum im Hof
5 Zeigt auf den schlechten Boden, aber
Die vorübergehenden schimpfen ihn einen Krüppel
Doch mit Recht.

Die grünen Boote und die lustigen Segel des Sundes
Sehe ich nicht. Von allem
10 Sehe ich nur der Fischer rissiges Garnnetz.
Warum rede ich nur davon
Daß die vierzigjährige Häuslerin gekrümmt geht?
Die Brüste der Mädchen
Sind warm wie ehedem.

15 In meinem Lied ein Reim
Käme mir fast vor wie Übermut.

In mir streiten sich
Die Begeisterung über den blühenden Apfelbaum
Und das Entsetzen über die Reden des Anstreichers.
20 Aber nur das zweite
Drängt mich zum Schreibtisch.

5.3.11 Literatur der Nachkriegszeit (ca. 1945-1949)

Literatur der
Nachkriegszeit

Dazu zählen: Literatur der Stunde Null, Trümmerliteratur und Kahlschlagliteratur.

> **Typische Vertreter:**
> Heinrich Böll (1917 - 1985); Wolfgang Borchert (1921 - 1947); Paul Celan (1920 - 1989); Günter Eich
> (1902 - 1972); Elisabeth Langgässer (1899 - 1950); Hans Werner Richter (1908 - 1993); Nelly Sachs
> (1891 - 1970); Wolfdietrich Schnurre (1920 - 1989)

Mit der bedingungslosen Kapitulation des Deutschen Reiches am 8. Mai 1945 begann eine politische Phase der Aufarbeitung und Neuorientierung, die bis zur Teilung Deutschlands in die Bundesrepublik Deutschland und die DDR im Jahr 1949 angesetzt werden kann. Auch wenn sich daraus keine literarische Epoche mit spezifischen Themen und einem besonderen literarischen Selbstverständnis bilden lässt, waren die desaströsen gesellschaftlichen, politischen und wirtschaftlichen Umstände dieser Zeit so einflussreich, dass auch das literarische Schaffen davon charakterisiert ist. Diese Situation der totalen Zerstörung spiegelt sich auch in den gängigen Bezeichnungen „Literatur der Stunde Null", „Trümmerliteratur" (Böll) und „Kahlschlagliteratur" (Weyrauch). Armut, Krankheit, Not und Zerstörung kennzeichnen die für uns heute unvorstellbar schlimme Situation nach dem Ende des Zweiten Weltkriegs und der NS-Diktatur. Das Land war in vier Besatzungszonen aufgeteilt; die Bevölkerung stand vor der dreifachen Aufgabe, die Vergangenheit inklusive der Schuldfrage zu bewältigen, die Schäden zu beseitigen und einen Neuanfang zu wagen.

Für das Menschenbild der damaligen Zeit waren die Erfahrungen im Krieg, dessen verheerende Auswirkungen, die politischen und menschlichen Ursachen für die Katastrophe (insbesondere die Judenvernichtung und die zahllosen Morde und Menschenrechtsverletzungen), die Schuldfrage und die Kritik an herkömmlichen politischen und weltanschaulichen Konzepten (wie z.B. Demokratie; Christentum) sowie die damit verbundenen Gefühle von Einsamkeit, Hoffnungslosigkeit, Resignation, Verlassenheit, Verbitterung und Zweifel bedeutsam. Atheismus und Nihilismus bildeten meist den philosophischen Hintergrund. Der tägliche Überlebenskampf, die ungewisse Zukunft, die Unsicherheit im Umgang mit den Kriegsheimkehrern sowie physische und psychische Traumatisierung und das unbestimmte Schicksal der Kriegsgefangenen bestimmten Denken, Handeln und Sprache der Menschen; Mitmenschlichkeit und Solidarität wurden zu wichtigen Werten der Hoffnung. Natur wird oft thematisiert – entweder als Schauplatz des Krieges oder als Rückzugsraum angesichts der hoffnungslosen Situation (z.B. in den Städten).

Das literarische Selbstverständnis hing vor allem von der Lebenssituation der Autoren ab. Vertreter der Inneren Emigration sowie Rückkehrer aus dem Exil waren weiterhin bzw. erneut bestimmend, wobei die Exilautoren meist kommunistische Vorstellungen vertraten und sich mehrheitlich in der Besatzungszone des Ostens etablierten. Es entstand die Gruppe 47, die zwar kein institutioneller Literaturbetrieb war, aber eine bis 1972 bestehende Gruppe von Schriftstellern mit Einfluss auf das gesellschaftliche, kulturelle und politische Leben der Bundesrepublik Deutschland; sie engagierten sich vor allem für die kritische Auseinandersetzung mit der NS-Vergangenheit. Vertreter der hermetischen Lyrik thematisieren die Unaussprechlichkeit des durch die NS-Diktatur geschehenen Leids in Gedichten, die die Unsagbarkeit und das Verstummen zum ästhetischen Prinzip erheben; hinzu kam die politische Lyrik und die Naturlyrik. Die wichtigsten literarischen Gattungen der Nachkriegszeit bildeten die aus dem Amerikanischen übernommene und in Zeitungen publizierbare Kurzgeschichte („short story") sowie das Hörspiel, wobei sich die Literatur in der Not der zerstörten Bühnen des Massenmediums Rundfunk bediente. Die als neorealistisch bezeichnete Sprache war situationsangemessen sachlich und nüchtern.

Beispieltext: Günter Eich: *Inventur* (1947)

Dies ist meine Mütze,
dies ist mein Mantel,
hier mein Rasierzeug
im Beutel aus Leinen.

5   Konservenbüchse:
Mein Teller, mein Becher,
ich hab in das Weißblech
den Namen geritzt.

Geritzt hier mit diesem
10   kostbaren Nagel,
den vor begehrlichen
Augen ich berge.

Im Brotbeutel sind
ein Paar wollene Socken
15   und einiges, was ich
niemand verrate,

so dient es als Kissen
nachts meinem Kopf.
Die Pappe hier liegt
20   zwischen mir und der Erde.

Die Bleistiftmine
lieb ich am meisten:
Tags schreibt sie mir Verse,
die nachts ich erdacht.

25   Dies ist mein Notizbuch,
dies meine Zeltbahn,
dies ist mein Handtuch,
dies ist mein Zwirn.

5.3.12 Literatur der Nachkriegszeit in Ost- und Westdeutschland (ca. 1949-1989)

Die historische Phase zwischen der Entstehung der beiden deutschen Staaten (1949) und der Wiedervereinigung (1990) war für das gesellschaftliche, politische und wirtschaftliche Leben in Deutschland so mächtig, dass sich auch die Literaturgeschichte von diesem Zeitabschnitt her verstehen lässt. Die Bundesrepublik war mit den Westzonen ab 1955 in die NATO eingebunden (Westintegration), die DDR war Teil des Warschauer Paktes – der Eiserne Vorhang trennte beide Staaten mitten in Europa; ab 1954 kam es zur Remilitarisierung in der Bundesrepublik (Wiederbewaffnung) und der DDR. Die Schließung der Grenze erfolgte bereits 1952, die Ausreise aus der DDR war mit dem Bau der Mauer seit 1961 nicht mehr frei und legal möglich. Der Kalte Krieg zwischen den Supermächten USA und Russland bestimmte das Verhältnis beider deutscher Staaten und führte zu einer immer größer werdenden Kluft, die auch in der jeweiligen Literatur ihre Spuren hinterließ. Die Zunahme politischer Spannungen zwischen den beiden Machtblöcken bis hin zur konkreten Kriegsgefahr bestimmte das Lebensgefühl der Menschen: Koreakrieg 1950, Kubakrise 1962, Vietnamkrieg (1965-1975), Prager Frühling 1968 markieren als besonders herausragende Ereignisse die Phase, in der der Weltfrieden durch zunehmende Aufrüstung und Polarisierung bedroht war. Ab den 70er Jahren setzte dann eine Entspannungspolitik ein, die schließlich unter Michail Gorbatschows Reformpolitik (Glasnost und Perestroijka) zum Fall der Mauer 1989, zur Wiedervereinigung 1990 und zur Auflösung der Sowjetunion 1992 führte.

Literatur in der Bundesrepublik (1949-1989)

Typische Vertreter:
Alfred Andersch (1914 - 1980); Ingeborg Bachmann (1926 - 1973); Thomas Bernhard (1931 - 1989); Heinrich Böll (1917 - 1985); Friedrich Dürrenmatt (1921 - 1990); Hans Magnus Enzensberger (geb. 1926); Erich Fried (1921 - 1988); Max Frisch (1911 - 1991); Günter Grass (1927 - 2015); Peter Handke (geb. 1942); Marie Luise Kaschnitz (1901 - 1974); Wolfgang Koeppen (1906 - 1996); Ernst Jandl (1895 - 2000); Siegfried Lenz (1926 - 2014); Peter Schneider (geb. 1940); Patrik Süskind (geb. 1949); Martin Walser (geb. 1927); Gabriele Wohmann (1932 - 2015); Peter Weiss (1916 - 1982)

In Westdeutschland entwickelte sich in den 50er Jahren eine marktwirtschaftliche Gesellschaft, die seit dem 1951 beginnenden Wirtschaftswunder an sozialen Standards und Wohlstand zunahm; Aufstieg und Konsum verdrängten in dieser Zeit den Prozess der Aufarbeitung der NS-Vergangenheit und des Holocaust, der auch deshalb in die Literatur thematisch aufgenommen

Literatur
im Westen

und wissenschaftlich von Philosophie und Soziologie aus marxistischer Sicht (Frankfurter Schule) unterstützt wurde. Der Gewinn der Fußballweltmeisterschaft 1954 steigerte das bundesrepublikanische Selbstbewusstsein und die Römischen Verträge 1957 bildeten einen ersten Schritt im mühsamen und langwierigen Prozess der europäischen Einigung. Die Literatur dieser Zeit war insgesamt stilistisch und thematisch sehr vielfältig; in Trivialliteratur und Massenmedien kam die Sehnsucht nach einer heilen Welt (z.B. in Heimatfilmen) zum Ausdruck. Im Laufe der 50er Jahre nahm die Kritik intellektueller Autoren an der restaurativen Gesellschaft der Adenauerzeit (1949-1963) zu. Das Menschenbild der damaligen Zeit betonte die Rollen des Konsumenten und Staatsbürgers; im Vordergrund stand der Mensch als Individuum. Es fehlte eine tragfähige weltanschauliche Grundlage; am ehesten wurde der französische Existenzialismus einflussreich: existenzielle Erfahrungen (wie Angst und Tod) bilden die Grundlage des Handelns. Es wurde ein einfacher, schnörkelloser Sprachstil gepflegt. Neben der Aufarbeitung der NS-Vergangenheit wurde die Situation des Individuums angesichts der Bedrohung des Weltfriedens und im Kontext der Anforderungen einer kapitalistischen und technisierten Leistungsgesellschaft thematisiert. Die Literatur übernahm ohne besondere Politisierung die Aufgabe der Gesellschafts- und Zeitkritik.

In den 60er Jahren trat das Bedürfnis nach subjektiver Selbstverwirklichung und Befreiung von gesellschaftlichen Zwängen und Konventionen in den Mittelpunkt. Die gesellschaftlichen und politischen Gegensätze verschärften sich im Kontext von emanzipatorischen, feministischen und ökologischen Protestbewegungen, die sich meist aus dem studentischen Milieu herausbildeten. Die Marktwirtschaft wurde wegen ihrer negativen Konsequenzen (z.B. wachsende Arbeitslosigkeit) in Frage gestellt; es entwickelte sich eine außerparlamentarische Opposition, die 68er-Bewegung, die Friedensbewegung sowie Vorläufer der ökologischen Bewegung. Die Kritik an einer konservativen, reaktionären Gesellschaft und ihren Eliten erreichte ihren Höhepunkt; neben der unpolitischen Jugendkultur des Rock'n Roll wurde die Frage nach der Schuld der Elterngeneration aufgeworfen. Die Literatur wurde vor diesem Hintergrund politisiert und führte zu einer Diskussion über deren Funktion. Im Menschenbild der 60er Jahre traten Freiheit, persönliche Selbstbestimmung sowie gesellschaftliche Mitbestimmung und die politische Rolle des Individuums in der Gesellschaft in den Vordergrund; Anlass hierfür bildete die Opposition gegen gesellschaftliche, politische und wirtschaftliche Fremdbestimmung. Auch die Literatur sah ihre Aufgabe darin, auf innen- und außenpolitische Ereignisse zu reagieren und eine kritische Kontrollfunktion zu übernehmen, um dadurch Gesellschaft und Politik verbessern zu können. Die Hinwendung zur Realität zeigte sich auch in einer Veränderung der literarischen Gattungen, z.B. in der konkreten Poesie (Lyrik), dem zeitkritischen Roman (Epik) und dem Dokumentartheater. Authentizität und gesellschaftliche Relevanz wurden zu entscheidenden Qualitätskriterien der Literatur.

Die deutsche Literatur der 70er Jahre lässt sich unter dem Stichwort „Neue Subjektivität" bzw. „Neue Innerlichkeit" zusammenfassen: Der Blick richtete sich in einer Phase der Ernüchterung (z.B. Wirtschaftskrise), Resignation (z.B. Aufrüstung, Ideale der Protestbewegungen) oder auch Zufriedenheit mit der gesellschaftlichen Situation (z.B. liberale Innenpolitik der sozialliberalen Koalition) auf das Lebensglück des Einzelnen im Alltag: Emanzipation, Identität, Selbstfindung, Subjektivität, Selbstbestimmung (v.a. der Frau), Umweltbewusstsein waren wichtige Themen vor allem in Gedichten und Prosatexten. Es kam zu einer Verstärkung der apolitischen Haltung, wobei die feministische Literatur mit ihren gesellschaftskritischen Intentionen zur Abkehr von traditionellen Rollenbildern eine wichtige Strömung in dieser Zeit darstellte. Der „Deutsche Herbst" 1977 mit den Terroranschlägen der Roten Armee Fraktion (RAF) wurde in der Literatur kaum thematisch aufgegriffen. Dafür lässt sich ein Trend zu autobiographischer Bekenntnisliteratur beobachten; auch die Problematik, mit Sprache Wirklichkeit adäquat zum Ausdruck zu bringen und gelingende Kommunikation zu ermöglichen, war ein wichtiges Anliegen der Literatur. Dementsprechend nahmen auch

Emanzipation, Freiheit, Innerlichkeit, Sprachfähigkeit und subjektive Wahrheitssuche eine wichtige Bedeutung im ansonsten weiterhin sehr unbestimmten und vielschichtigen Menschenbild dieser Zeit ein.

Unter dem Schlagwort „Postmoderne" wird nicht nur die Literatur, sondern die geistesgeschichtliche Phase der 80er Jahre insgesamt zusammengefasst. Gemeinsames Kennzeichen ist die kritische Distanzierung von der Moderne (beginnend mit der Wende zum 20. Jh.) und ihren tragenden Idealen und Werten (z.B. Fortschrittsglaube); stilprägend wurden Individualisierung und Pluralismus. Herrschendes Lebensgefühl war ein Krisenbewusstsein, das sich auf Ab- und Umbrüche in verschiedenen Bereichen der Wirklichkeit breit machte. Der Unfall im sowjetischen Atomkraftwerk Tschernobyl 1986 eröffnete eine massive Diskussion über die Risiken der Kernkraft; die Erderwärmung sowie der sich verschärfende Ost-West-Konflikt und die zunehmende Kluft zwischen den reicheren und ärmeren Ländern der Welt weisen deutlich hin auf die globalen Zukunftsgefahren. Die Erfahrungen der Vielfalt, Unbeherrschbarkeit und Zufälligkeit der Wirklichkeit lassen bisherige weltanschauliche Konzepte als nicht mehr tragfähig erscheinen und erhebt deshalb die Beliebigkeit und Relativität zur Norm. Für das Menschenbild der Postmoderne gibt es auch weiterhin keinen verbindlichen und konsistenten Wahrheitsbegriff (z.B. christlicher Glaube, Humanität, Rationalität) sowie keinen Sinnentwurf, sondern nur partikulare, teilweise überzeugende Ansätze. Es wird das Ende der großen Meta-Erzählungen (z.B. Humanismus, Christentum, Aufklärung) festgestellt und entfaltet. Teilweise herrscht das Bewusstsein einer eklatanten Orientierungslosigkeit und Sinnkrise; man geht von einer Dekonstruktion des Menschen als individuelle Persönlichkeit aus und betont dessen Wandelbarkeit. Der Mensch wird nicht als autonomes Subjekt wahrgenommen, sondern existiert in verschiedenen Rollen und erfährt eine sich stets verändernde Patchwork-Identität. Postmoderne Texte spiegeln sowohl thematisch als auch stilistisch diese Tendenzen wider: Verschiedene Formen und Stile existieren nebeneinander, mehrere Wirklichkeitsebenen (z.B. Reales und Fantastisches) werden kombiniert, Offenheit und Widersprüchlichkeit werden zugelassen; Ironie ist daher ein oft und gern gewähltes Mittel der Brechung von Wirklichkeitsdarstellung. Anspielungen, Verweise, Verfremdungen und Zitate aus anderen Stoffen und Werken kommen häufig vor; Intertextualität ist typisch für die Literatur der Postmoderne; Fiktionalität wird selbst thematisiert. Der Roman ist vor Lyrik und postdramatischem Theater die bevorzugte Gattung.

Beispieltext: Hans Magnus Enzensberger: ***ins lesebuch für die oberstufe*** (1957)

lies keine oden, mein sohn, lies die fahrpläne:
sie sind genauer. roll die seekarten auf,
eh es zu spät ist. sei wachsam, sing nicht.
der tag kommt, wo sie wieder listen ans tor
5 schlagen und malen den neinsagern auf die brust
zinken. lern unerkannt gehn, lern mehr als ich:
das viertel wechseln, den paß, das gesicht.
versteh dich auf den kleinen verrat,

die tägliche schmutzige rettung. Nützlich
10 sind die enzykliken zum feueranzünden,
die manifeste: butter einzuwickeln und salz
für die wehrlosen. wut und geduld sind nötig,
in die lungen der macht zu blasen
den feinen tödlichen staub, gemahlen
15 von denen, die viel gelernt haben,
die genau sind, von dir.

DDR-Literatur (1949-1989)

> **Typische Vertreter:**
> Jurek Becker (1937 - 1997); Wolf Biermann (geb. 1936); Johannes R. Becher (1891 - 1958); Christoph
> Hein (geb. 1944); Uwe Johnson (1934 - 1984); Monika Maron (geb. 1941); Ulrich Plenzdorf (1934 - 2007);
> Christa Wolf (1929 - 2011)

DDR-Literatur

Für die Literatur in der DDR herrschten grundsätzlich andere Rahmenbedingungen als in der Bundesrepublik. Anstelle demokratischer Freiheit mussten die Autoren unter den Bedingungen der SED-Diktatur agieren und sich für eine staatstreue oder kritische bis oppositionelle Rolle entscheiden. Der Literatur kam automatisch eine politische Funktion zu. Bereits nach der Kapitulation 1945 entwickelte sich unter der Einflussnahme und Kontrolle von KPdSU und SED aus der sowjetischen Besatzungszone ein zentralistisch-sozialistischer Staat. Staatskritische Meinungen wurden unterdrückt und zensiert. Der Arbeiteraufstand vom 17. Juni 1953 zeigte zwar, dass diese Entwicklung von den Bürgern nicht mitgetragen wurde. Doch mit dem Bau der Berliner Mauer 1961 als „antifaschistischer Schutzwall" wurde den Bürgern der DDR die freie und legale Ausreise untersagt und die sozialistische Ideologie als staatlich verordnete Weltanschauung vorgegeben. In den 70er Jahren entspannte sich zwar das Verhältnis zwischen Bundesrepublik und DDR mit der Ostpolitik Willy Brandts; zugleich nahmen die wirtschaftlichen Probleme im selben Maße wie die Unzufriedenheit der DDR-Bürger zu und die pazifistischen und demokratischen Aktivitäten (z.B. Montagsdemonstrationen) mündeten vor dem Hintergrund von Gorbatschows Reformpolitik in eine friedliche Revolution 1989, die zum Fall der Mauer am 9. November 1989 und dem Ende der DDR sowie zur Wiedervereinigung 1990 führte.

In den 50er Jahren wurde nach der antifaschistischen Sammlung nach dem Zweiten Weltkrieg u.a. durch die Rückkehr von Exilautoren die Literatur der DDR vom „Sozialistischen Realismus" bestimmt: In der sog. „Aufbauliteratur" (1950-1961) sollte ein positives Bild des real existierenden Sozialismus vermittelt und der Arbeiter als Held des Alltags in den Mittelpunkt gestellt werden. Ab 1959 wurde mit dem sog. Bitterfelder Weg (1959-1964) ein SED-Programm zur Lenkung der Literatur verabschiedet, nach dem Arbeiter und Schriftsteller ihre Rollen tauschen sollten, um Kunst und Leben eng miteinander zu verknüpfen. Aufgrund der die SED irritierenden Ergebnisse wurde dieser Weg wieder beendet und von der sog. „Ankunftsliteratur" (1961-1971) abgelöst; hierbei ging es um eine staatlich bestimmte Auseinandersetzung der Autoren mit dem Sozialismus, der schließlich zu Anpassung und Identifikation, aber auch zur Resignation führte. Von 1971 bis 1990 dominierte mehr oder weniger offen die Kritik am Sozialismus, wobei die anfängliche politische Liberalisierung mit der Ausbürgerung des kritischen Liedermachers Wolf Biermann (1976) beendet und von Bespitzelung, Repressionen, Überwachung, Verhaftungen und Zensur abgelöst wurde; daher entwickelte sich eine alternative, kritische, eher im Untergrund wirkende Literaturszene, der auch globale Probleme wie die Bedrohung des Friedens oder der Umwelt wichtig waren. Immer mehr DDR-Autoren verließen in den 80er Jahren das Land. Schriftsteller mussten sich in den letzten Jahren der DDR zwischen Anpassung und Opposition entscheiden.

In der Literatur der DDR zeigt sich ein gespaltenes Menschenbild: In der staatskonformen Literatur des sozialistischen Realismus dominierte die Vorstellung vom solidarischen Arbeiter als sozialistische Persönlichkeit, die in Loyalität zur SED in uneigennütziger Weise für das Gemeinwohl wirkt. Dem stand das freiheitlich-demokratische Bild des mit unveräußerlichen Grundrechten ausgestatteten Bürgers gegenüber, der nach Selbstbestimmung und –verwirklichung strebte und dabei ggf. auch gesellschafts- und staatskritisch agierte.

In Analogie hierzu bildeten sich auch zwei stilistisch gegensätzliche ästhetische Konzepte der Literatur heraus: Während in der staatskonformen Literatur in einfacher, verständlicher Sprache die Überlegenheit des Sozialismus gegenüber dem westlichen Faschismus und Kapitalismus unter Idealisierung der Lebensbedingungen des Arbeiters dem werktätigen Volk vermittelt werden sollte, finden sich in der systemkritischen Literatur teilweise verschlüsselte, subversive Texte mit Anspielungen, Doppeldeutungen, ironischen Überformungen und Verfremdungen. Epik und Lyrik waren die dominanten Gattungen.

Beispieltext: Wolf Biermann: ***Ermutigung*** **(1968)**

Du, laß dich nicht verhärten
in dieser harten Zeit.
Die allzu hart sind, brechen,
die allzu spitz sind, stechen
5 und brechen ab sogleich.

Du, laß dich nicht verbittern
in dieser bittren Zeit.
Die Herrschenden erzittern
- sitzt du erst hinter Gittern -
10 doch nicht vor deinem Leid.

Du, laß dich nicht erschrecken
in dieser Schreckenszeit.
Das wolln sie doch bezwecken
daß wir die Waffen strecken
15 schon vor dem großen Streit.

Du, laß dich nicht verbrauchen,
gebrauche deine Zeit.
Du kannst nicht untertauchen,
du brauchst uns und wir brauchen
20 grad deine Heiterkeit.

Wir wolln es nicht verschweigen
in dieser Schweigezeit.
Das Grün bricht aus den Zweigen,
wir wolln das allen zeigen,
25 dann wissen sie Bescheid

5.3.13 Gegenwartsliteratur (seit 1990)

Typische Vertreter:
Durs Grünbein (geb. 1962); Elfriede Jelinek (geb. 1946); Judith Hermann (geb. 1970); Zoe Jenny (geb. 1974); Daniel Kehlmann (geb. 1975); Bernhard Schlink (geb.1944); Botho Strauß (geb. 1944); Uwe Tellkamp (geb. 1975); Uwe Timm (geb. 1940); Juli Zeh (geb. 1974)

Die für die meisten sehr überraschende Wiedervereinigung der beiden deutschen Staaten am 3. Oktober 1990 bedeutete für unzählige Menschen zunächst großes Glück, da sie nach dem Ende der SED-Diktatur wieder ihre Grundrechte wahrnehmen und familiäre Beziehungen zu Bürgern in der Bundesrepublik aufnehmen konnten. Zugleich entstanden mit den gesellschaftlichen, kulturellen, politischen und wirtschaftlichen Veränderungen große Probleme auf, die teilweise bis heute nicht bewältigt sind: Finanzielle Lasten mussten getragen werden, das Wirtschaftswachstum nahm ab, die Arbeitslosigkeit vor allem in den neuen Bundesländern war sehr hoch, der Strukturwandel massiv. So stellten sich Enttäuschung und Ernüchterung sowie vor allem bei vielen Ostdeutschen die Erfahrung ein, mit der politischen Wiedervereinigung von der Teilhabe an einem Leben in Sicherheit und Wohlstand abgeschnitten zu sein. Auch hatten sie den Eindruck, dass die bisherige Lebensleistung und Biographie nicht anerkannt wurde. Zudem war die Aufarbeitung der SED-Vergangenheit, die Rolle der Stasi und ihrer vielen Mitarbeiter sowie die Frage nach einer tragfähigen weltanschaulichen Grundlage eine enorme Herausforderung, die nicht selten die Kluft zwischen Ost und West beförderte, anstatt das Zusammenwachsen zu ermöglichen, obwohl mit dem Ende des Kalten Krieges der Ost-West-Gegensatz formal überwunden war. Zugleich wurden neue Bedrohungen virulent: Balkankonflikt, Rechtsextremismus, Nord-Süd-Konflikt. Die „**Wendeliteratur**" setzte sich mit diesen innerdeutschen Themen auseinander und trug dazu

Gegenwarts-
literatur

bei, dass die gesellschaftliche Debatte ein Forum und Sprachrohr fand; analog zur Nachkriegsliteratur konnte darin auch eine Auseinandersetzung mit der DDR-Diktatur und den Ursachen wie Folgen ihres Zusammenbruchs stattfinden.

Mit der Jahrtausendwende traten neue Entwicklungen in den Vordergrund: die Einführung des EUROs sowie die Aufnahme neuer Länder in die Europäische Union stärkte das Bewusstsein, dass Deutschland nur in enger, vertrauensvoller aber auch komplexer Beziehung zu anderen europäischen Staaten handlungsfähig ist. Die Terroranschläge vom 11. September 2001 in den USA setzten die Bedrohung durch den internationalen Terrorismus auf die weltpolitische Agenda und veränderten in Deutschland das Lebensgefühl: Freiheit und Sicherheit sind seitdem in abstraktem und immer wieder auch konkretem Maße bedroht. Der Islam erschien zunehmend als Gefahr für die westliche Zivilisation und Wertegemeinschaft im „Kampf der Kulturen" (Samuel Huntington). Globalisierung und Digitalisierung bringen nicht nur Chancen, sondern auch Gefahren von existenzieller Tragweite mit sich. Seit 2015 kommt das Phänomen weltweiter Migration hinzu, das auch in Deutschland viele kontroverse Diskussionen bis hin zu politischer Radikalisierung auslöste, die durch Individualisierung, Pluralisierung und Säkularisierung bedingte Orientierungskrise verschärft und die Frage nach dem richtigen Verhältnis von kultureller sowie nationaler Identität und Weltoffenheit aufwirft. In der sog. **Interkulturellen Literatur** werden entsprechende Themen aufgegriffen, wobei bei aller Problematisierung tendenziell eher die Chancen und Möglichkeiten von Begegnung mit dem Fremden und einem neuen Umfang mit bisherigen Identitätsmustern gesehen werden. Der Interaktion von vielfältigen, kulturellen Inhalten einerseits und deutscher Sprache andererseits wird dabei besondere Aufmerksamkeit geschenkt.

In der sog. **Popliteratur** artikulieren sich vor allem junge Autoren experimentell und selbstinszenierend, indem sie sich von der traditionellen Literatur absetzen, Motive aus der gesellschaftlichen Realität von Medien und Werbung aufgreifen und mit eigenen existenziellen Erfahrungen in Familie, Partnerschaft und Liebe, in Drogen, Konsum und Sex sowie mit politischen Problemen verknüpfen. **Poetry Slams** sind beliebte Veranstaltungen, in denen junge Poeten im Rahmen von Wettbewerben ihre Texte präsentieren.

Die sog. **Literatur im Netz** ist eine neue technisch-mediale Plattform zur Publikation literarischer Texte. Demgegenüber eröffnet die **Netzliteratur** Raum für neue ästhetische Formen des Schreibens und Publizierens (z.B. Blogs), die sich durch innovative Verbindungen von Gattungen und Kunstformen auszeichnet, etwa durch die Verknüpfung von Audio-, Bild-, Film- und Textelementen sowie neuen Kommunikationsmöglichkeiten zwischen Autor und Rezipient (z.B. über soziale Netzwerke).

Insgesamt ist das Menschenbild der Gegenwartsliteratur gekennzeichnet von der Grunderfahrung der Freiheit des Einzelnen, der eigenständig sein Leben bewältigen darf und muss, aber auch in verschiedenen Rollen und Lebenskontexten im gesellschaftlichen Rahmen als soziales Wesen interagiert. Dem Glauben und der Religion (wenn auch in nichtinstitutioneller Form) erhalten dann eine Bedeutung, wenn sie dem Menschen helfen, die existenziellen Herausforderungen zu bewältigen und Sinnperspektiven aufzuzeigen. Auch die Natur wird als Möglichkeit für Selbst- und Gemeinschaftserfahrung, als bedrohte, knappe und deshalb wertvolle Ressource sowie als Regenerationsmöglichkeit von den Anstrengungen des Alltags wahrgenommen. Die Auswirkungen des Einsatzes digitaler Medien (bis hin zur Sucht) für die Lebensgestaltung des Einzelnen sowie für kommunikativ-soziale Strukturen in der Gesellschaft werden zunehmend erkannt.

Der Stilpluralismus bleibt auch für die Gegenwartsliteratur ein prägendes Merkmal und entspricht den Idealen „Freiheit" und „Selbstbestimmung" sowie einer grundsätzlich effektiv-pragmatischen

Lebenshaltung. Für das literarische Leben spielen die ökonomische Relevanz (z.B. im Bereich der von der Digitalisierung bedrohten Welt der Printmedien) und die Nachfrage nach Events (z.B. Buchmessen, Lesungen) eine zunehmend wichtige Rolle. Neben der Unterhaltsamkeit wird vom Lesepublikum teilweise aber auch eine gesellschaftspolitische Aussage der Texte erwartet. Thematische Klammer scheint bei aller inhaltlichen und stilistischen Vielfalt die Frage nach der Identität des Einzelnen sowie der kulturellen Identität der Gesellschaft vor dem Hintergrund von Digitalisierung und Globalisierung zu sein. Epik und Lyrik sind bevorzugte Gattungen der Gegenwartsliteratur.

Beispieltext: Durs Grünbein: ***Kosmopolit*** **(1999)**

Von meiner weitesten Reise zurück, anderntags
Wird mir klar, ich verstehe vom Reisen nichts.
Im Flugzeug eingesperrt, stundenlang unbeweglich,
Unter mir Wolken, die aussehn wie Wüsten,
5   Wüsten, die aussehn wie Meere, und Meere,
Den Schneewehen gleich, durch die man streift
Beim Erwachen aus der Narkose, sehe ich ein,
Was es heißt, über die Längengrade zu irren.

Dem Körper ist Zeit gestohlen, den Augen Ruhe.
10   Das genaue Wort verliert seinen Ort. Der Schwindel
Fliegt auf mit dem Tausch von Jenseits und Hier
In verschiedenen Religionen, mehreren Sprachen.
Überall sind die Rollfelder gleich grau und gleich
Hell die Krankenzimmer. Dort im Transitraum,
15   Wo Leerzeit umsonst bei Bewußtsein hält,
Wird ein Sprichwort wahr aus den Bars von Atlantis.

Reisen ist ein Vorgeschmack auf die Hölle.

Notizen

6 Sprache - Kommunikation - Medien

Die Bearbeitung von Prüfungsaufgaben im Deutsch-Abitur setzt die Vertrautheit mit der deutschen Grammatik sowie der Rechtschreibung und Zeichensetzung voraus. Hinzu kommt die Kenntnis sprachtheoretischer Fragestellungen sowie über historische und aktuelle Entwicklungen in Sprachgeschichte (z.B. Bedeutungswandel) und Gegenwart (z.B. Sprachvarietäten). Dabei wird Sprache sowohl als Zeichensystem als auch als Kommunikationssystem aufgefasst. Zur Kommunikation gehören Medien, deren Funktion, ästhetische Wirkungen sowie vielfältige (z.B. ethische) Probleme in unserer Gesellschaft ebenfalls reflektiert werden müssen.

Für die Interpretation literarischer Texte solltest du dir über den Wirkungszusammenhang zwischen Sprache und der Autorintention bzw. Funktion der Sprache bewusst sein, um Möglichkeiten der Leserlenkung bis hin zur Manipulation zu erkennen.

Schließlich wird (gerade bei den Aufgabenformaten IV und V) erwartet, dass du eigene Texte in inhaltlicher, stilistischer und kommunikativer Hinsicht überarbeiten kannst.

Die folgende Zusammenfassung gibt dir einen Überblick zu den Begriffen und Inhalten, die für die erfolgreiche Bewältigung der Abiturprüfung Deutsch in diesen Bereichen wichtig sind. Du solltest dich in der Vorbereitung mithilfe deiner Unterrichtsmitschriften, -materialien und Lehrbücher damit auseinandersetzen, indem du die Inhalte wiederholst und anhand von Beispielaufgaben anwendest.

6.1 Grammatische Grundbegriffe

WORTARTEN

dienen zur übersichtlichen Einteilung des Wortschatzes in überschaubare Gruppen. Man unterscheidet **flektierbare** und **nicht flektierbare** Wortarten. Es gibt zwei Formen von Flexion:

- **Konjugation** (nach Person, Numerus, Modus, Tempus, Genus verbi): Verben (Voll-, Hilfs-, Modal-)

- **Deklination** (nach Genus, Numerus, Kasus): Nomen (Substantiv), Artikel, Adjektiv, Pronomen (Personal-, Possessiv-, Reflexiv-, Demonstrativ-, Indefinit-, Interrogativ-, Relativ-).

Nichtflektierbare Wortarten sind unveränderlich: Adverb, Präposition, Konjunktion, Interjektion, Partikel.

Konjugationsmerkmale sind

- Person: 1., 2., 3.

- Numerus: Singular, Plural

- Modus: Indikativ, Konjunktiv, Imperativ

- Tempus: Präsens, Präteritum, Perfekt, Plusquamperfekt, Futur I, Futur II

- Genus verbi: Aktiv, Passiv

Deklinationsmerkmale sind:

- Genus: Maskulinum, Femininum, Neutrum

- Numerus: Singular, Plural

- Kasus: Nominativ, Genitiv, Dativ, Akkusativ

SATZGLIEDER

bestehen aus einem oder mehreren Wörtern, die im Satz **umstellbar** und **erfragbar** sind sowie eine bestimmte Funktion erfüllen:

- Prädikat („Wer oder was tut?")

- Subjekt („Wer oder was?")

- Genitiv- („Wessen?"), Dativ- („Wem oder was?"), Akkusativ- („Wen oder was?"), Präpositionalobjekt (z.B. „Worauf?, Wogegen?, Wofür?")

- Adverbiale: adversativ, final, kausal , konditional, konsekutiv, konzessiv, lokal, modal, temporal

ATTRIBUTE

sind Teile von Satzgliedern, die dieses genauer bestimmen und nur im Rahmen des Satzglieds verschiebbar sind; sie werden erfragt durch „Was für ein?" oder „Welcher?":

- Adjektivattribut (z.B. „ein kluges Mädchen")

- Genitivattribut (z.B. „das Haus des Bäckers")

- Präpositionalttribut (z.B. „das Buch auf dem Tisch")

- Attributsatz: Relativsatz (z.B. „die Blumen, die ich gestern gekauft hatte"), Infinitivkonstruktion (z.B. „die Hoffnung, viel Geld zu verdienen"), Partizipialkonstruktion (z.B. „die mit viel Aufwand vorbereitete Schulaufgabe")

SATZTYPEN

Nach dem **Satzmodus** unterscheidet man **Aussage**, **Befehls-** und **Fragesätze**.

Hauptsätze können alleine stehen, während Nebensätze Teil eines Satzgefüges oder komplexen Satzes sind.

Nach ihrer **Form** (Einleitung, Verbstellung) gibt es folgende Nebensätze:

- Konjunktionalsatz (z.B. „Obwohl er viel gegessen hatte")

- Relativsatz (z.B. „[das Haus], das abgebrannt war")

- Indirekter Fragesatz (z.B. [die Frage], wer eingebrochen hatte„")

- Infinitivsatz (z.B. „Die Kinder allein zu lassen [war keine gute Idee],")

- Partizipialsatz (z.B. „Über die Frage des Publikums staunend, [setzte er zur Antwort an].")

Nach ihrer **Funktion** als Satzglied(teil) unterscheidet man folgende Nebensätze:

- Subjektsatz (z.B. „Wer gerne Bücher liest, [ist im Vorteil]")

- Objektsatz (z.B. „[Er geht davon aus], dass die Abiklausur leicht wird.")

- Adverbialsatz (z.B. „Weil er viel gelernt hatte, [ging er gelassen in die Prüfung].")

- Attributsatz (z.B. „[Die Angst], nicht zu bestehen, [war groß].")

6.2 Rechtschreibung und Zeichensetzung

Die sprachliche Gestaltung des Abituraufsatzes macht in der Bewertung etwa eine Notenstufe aus. Daher solltest du die **orthographischen Grundregeln** (Stil; formale Sprachrichtigkeit) besonders in folgenden Bereichen beherrschen:

- **Groß- und Kleinschreibung**
  Beispiel: Nominalisierungen von Adjektiven und Verben, bei denen ein Artikel vorangestellt werden kann, schreibt man groß: „das Alte", „das Interpretieren"

- **Getrennt- und Zusammenschreibung**
  Beispiel: Verbindungen aus Adjektiv bzw. Präposition und Verb mit Betonung auf dem ersten Bestandteil werden zusammengeschrieben: „schwermachen", „aufschreiben"; die Getrenntschreibung ist eher der Normalfall, vor allem wenn beiden Bestandteilen eine eigene Bedeutung zukommt: „laufen lernen", „Rad fahren", „riesig groß"

- **s-Laute**
  Beispiel: Unterscheidung von langen (durch scharfes s) und kurzen (durch Doppel-s) Vokalen: „Straße" und „Masse"; Unterscheidung von Artikel und Relativpronomen vs. Konjunktion: „das" (ersetzbar durch „dieses", „jenes", „welches") vs. „dass" (Einleitung eines Nebensatzes)

- **Dehnung und Schärfung**
  Beispiel: Einfachschreibung, Vokalverdoppelung und Dehnungs-h: „Rad", „Moos" und „fahren"; Konsonantenverdoppelung nach betonten kurzen Vokalen: „Wasser"

- **Fremdwörter**
  Beispiel: Beachtung der Herkunft des deutschen Wotrtes aus einer anderen Sprache, z.B. „Rhythmus"; „Psychologie", „Lektion", „Recycling"

Beherrschen musst du unbedingt die wichtigsten Regeln der **Kommasetzung**:

- In einer **Aufzählung** werden die einzelnen Satzglieder durch ein Komma getrennt; vor Konjunktionen wie „und", „oder" steht kein Komma. Beispiel: „Epik, Lyrik, Drama und Prosa sind literarische Gattungen."

- **Nebensätze** (v.a. Konjunktionalsätze und Relativsätze) werden durch ein Komma vom Hauptsatz getrennt. Beispiel: „Weil es einen Fünf-Akte-Aufbau hat, handelt es sich um ein Aristotelisches Drama."

- **Infinitivsätze** mit der Konjunktion „zu" werden ebenfalls durch ein Komma abgetrennt, wenn sie durch „um", „ohne", „statt", „anstatt", „außer", „als" eingeleitet wird. Beispiel: „Er ging noch ins Kino, anstatt gleich nach Hause zu gehen." / „Um erfolgreich zu sein, muss man sich gut vorbereiten."

- **Nachträge und Zusätze**, auch Einschübe, werden durch Kommas abgetrennt: Beispiel: „Die Argumentation muss immer logisch aufgebaut sein, und zusätzlich noch durch ein Beispiel veranschaulicht."

6.3 Beschreibungsebenen von Sprache; Stilmittel

Rhetorische
Stilmittel (Teil 1)

Rhetorische
Stilmittel (Teil 2)

Sprache lässt sich nach verschiedenen **Beschreibungsebenen** charakterisieren:

- **Laut** (Phonetik; Phonologie), z.B. der s-Laut

- **Schreibung** (Graphematik; Orthographie und Interpunktion): z.B. Die Worte „Rat" und „Rad"; Kommasetzung

- **Wortschatz** (Lexikologie): z.B. das Fremdwort „System"

- **Wortbedeutung** (Semantik): z.B. das Wortfeld „Liebe"

- **Wortbildung** (Morphologie): z.B. Die Vorsilbe „ver-" oder das Suffix „ung"

- **Satz** (Syntax): z.B. die Wortart „Substantiv", Satzglied „Prädikat", Nebensatztyp „Relativsatz"

- **Sprachliches Handeln** (Pragmatik): z.B. das Stilmittel „Rhetorische Frage"

Bei der Interpretation literarischer Texte müssen mehrere Ebenen der Sprachbeschreibung in Betracht gezogen werden, z.B. bei der Interpretation von

- **Gedichten**: Metrum und Reimschema (Lautebene)

- **epischen Texten**: Parataxe und Hypotaxe (Satzebene)

- **Dramentexten**: Rhetorische Strategien (Pragmatik)

Für die Analyse von Sachtexten und die Erschließung literarischer Texte werden (in Abhängigkeit von der Aufgabenstellung) meist auch Stilmittel und deren Funktion für die Aussage des Textes untersucht. Stilmittel sind alle auffälligen sprachlichen Elemente, mit denen eine Aussage besonders hervorgehoben, veranschaulicht oder verdeutlicht werden soll; dadurch wird eine intensivere Wirkung auf den Leser oder Zuschauer (Drama) ausgeübt.

Die folgende alphabetisch geordnete Liste enthält (ohne Anspruch auf Vollständigkeit) die gängigen Stilmittel mit Definitionen und Beispielen:

Figuren

sind sprachliche Elemente, die in phonologischer, morphologischer, syntaktischer, semantischer, lexikalischer oder pragmatischer Hinsicht auffällig sind.

Figur	Beschreibung	Beispiel
Akkumulation = Enumeratio	Aufzählung mehrerer Begriffe für oder zu einem Oberbegriff	„Nun ruhen alle Wälder, Vieh, Menschen, Stadt und Felder." (Paul Gerhardt)
Alliteration	Wiederholung oder Gleichklang der Anlaute von Silben oder Wörtern	„Seine Worte und Werke" (Goethe)
Anapher	Wiederholung des gleichen Wortes am Anfang aufeinanderfolgender Verse, Strophen, Sätze oder Satzteile	„Das Wasser rauscht, das Wasser schwoll" (Goethe)
Antiklimax	Reihung mehrerer Ausdrücke in abnehmender Intensität der Bedeutsamkeit	„Doktoren, Magister, Schreiber und Pfaffen" (Goethe)
Antithese	Gegensatz zwischen Worten, Wortgruppen, Satzteilen oder Sätzen	„Der Wahn ist kurz, die Reu ist lang." (Schiller)
Asyndeton	Reihung gleichgeordneter Wörter, Satzteile oder Sätze ohne verbindende Konjunktionen	„Alles rennt, rettet, flüchtet" (Schiller)
Chiasmus	Symmetrische Überkreuzstellung von syntaktisch oder semantisch einander entsprechenden Satzgliedern, meist als spiegelbildliche Anordnung „abba"	„Die Kunst ist lang und kurz ist unser Leben." (Goethe)
Ellipse	Weglassung eines leicht zu ergänzenden Wortes oder Satzteils	„Es schlug mein Herz, geschwind zu Pferde!" (Kehlmann)
Epipher	Wiederholung des gleichen Wortes jeweils am Schluss mehrerer aufeinander folgender Sätze oder Satzglieder	„Doch alle Lust will Ewigkeit, will tiefe, tiefe Ewigkeit." (Nietzsche)
Figura etymologica	Wiederholung zweier Wörter desselben Stammes in unterschiedlichen Wortarten	„Gar schöne Spiele spiel ich mit dir."(Goethe)
Hendiadyoin	Bildung einer Gesamtbedeutung durch zwei additiv aneinandergereihte Elemente	„kreuz und quer" (durcheinander), „Haus und Hof" (gesamtes Vermögen)
Inversion	Umstellung der üblichen Wort- oder Satzgliedfolge	„Den liebsten aller Gäste bewirtet nun die Braut." (Goethe)
Klimax	Anordnung einer Wort- oder Satzreihe nach stufenweiser Steigerung im Aussageinhalt	„Er sei mein Freund, mein Engel, mein Gott." (Schiller)
Litotes	Ausdruck der Bejahung durch die Verneinung des Gegenteils	„kein dummer Gedanke" (geistreich), „nicht übel" (gut)
Oxymoron	Verbindung zweier sich widersprechender Begriffe mit dem Zweck der Pointierung	„schwarze Milch" (Paul Celan)
Parallelismus	Syntaktische Wiederholung funktional äquivalenter, semantisch analoger oder oppositioneller Satzglieder	„Ich bin entdeckt, ich bin durchschaut." (Schiller)
Parenthese	Einfügung einer grammatisch selbstständigen Einheit in einen Satz, ohne dass dessen syntaktische Ordnung gestört wird	„Eduard – so nennen wir einen reichen Baron im besten Mannesalter – Eduard hatte ..." (Goethe)

Figur	Beschreibung	Beispiel
Pleonasmus	Addition bedeutungsgleicher, lexikalisch unterschiedener Elemente, die dieselbe Information enthalten	„schlussendlich", „stillschweigend", „weißer Schimmel", „alter Greis"
Polysyndeton	ungewöhnlich häufige Wiederholung derselben Konjunktion zur Verbindung einer Wort- oder Satzreihe	„Und es wallet und siedet und brauset und zischt." (Schiller)
Rhetorische Frage	scheinbare Frage, auf die keine Antwort erwartet wird	„Was ist das, was in uns lügt, hurt, stiehlt und mordet?" (Büchner), „Ich dich ehren? Wofür?" (Goethe)
Synonymie	Kombination bedeutungsgleicher Wörter	„Haus und Hof" (Goethe)
Synästhesie	Verbindung von Wörtern unterschiedlicher Sinneswahrnehmung	„Golden wehn die Töne nieder." (Brentano)
Tautologie	Wiederholung zweier Begriffe zur Verstärkung desselben Ausdrucks	„immer und ewig", „voll und ganz"
Wiederholung	doppelte Wiedergabe eines Ausdrucks	„O Mutter! Was ist Seligkeit? O Mutter! Was ist Hölle?" (Bürger)
Zeugma	Beziehung eines Prädikats auf mehrere Subjekte, während es aber nur zu einem semantisch passt	„Als Viktor zu Joachime kam, hatte sie Kopfschmerzen und Putzjungfrauen bei sich."(Jean Paul)

Tropen

sind Ausdrücke, die im übertragenen, bildhaften Sinne gebraucht werden.

Tropen	Beschreibung	Beispiel
Allegorie	bildhaft belebte Darstellung eines abstrakten Begriffs oder klaren Gedankengangs; im Gegensatz zum Symbol verweist die Allegorie nicht auf das Gemeinte, sondern ist es selbst	„Justitia" (= Gerechtigkeit), Amor (= Liebe), Schifffahrt (= Leben)"
Chiffre	ein sprachlicher Ausdruck, der eine neue Wirklichkeit abbildet, die erst de-chiffriert, also erschlossen werden muss, wobei meist kein eindeutiges Verständnis möglich ist	„Ich habe zu Hause ein blaues Klavier / Und kenne doch keine Note." (Else Lasker-Schüler)
Euphemismus	beschönigende Umschreibung eines unangenehmen, anstößigen, abschreckenden oder hässlichen Sachverhalts	„entschlafen (= sterben), vollschlank (= dick)"
Hyperbel	Übertreibung des Ausdrucks in vergrößerndem oder verkleinerndem Sinne	„Ein Schneidergesell, ein niedlicher, kleiner junger Mensch, so dünn, dass die Sterne durchschimmern konnten" (Heine)
Ironie	das Gegenteil des eigentlich Gemeinten wird gesagt	„Die größte militärische Leistung des Jahrhunderts ist meine Ehe." (Dürrenmatt)
Metapher	Übertragung eines Wortes aus dem ursprünglichen Bedeutungszusammenhang auf einen anderen Vorstellungsbereich (Vergleich ohne „wie")	„Schiff der Wüste" (= Kamel), „Fuchs" (= listiger Mensch), „Sternstunde", „Strohfeuer", „Zahlenfriedhof".

Figur	Beschreibung	Beispiel
Periphrase	erweiternde Umschreibung eines Begriffs, Gegenstands, einer Person, einer Eigenschaft oder Handlung durch mehrere Wörter	„jenes höhere Wesen, das wir verehren" (= Gott) (Böll) ; „Kennst du das Land, wo die Zitronen blühn, Im dunkeln Laub die Goldorangen glühn, Ein sanfter Wind vom blauen Himmel weht, die Myrte still und hoch der Lorbeer steht?" (Goethe)
Personifikation	Vermenschlichung oder Belebung abstrakter Begriffe, Eigenschaften, Naturerscheinungen und anderer lebloser Dinge	„Hör, es klagt die Flöte wieder" (Brentano), „Der Abend wechselt langsam die Gewänder" (Rilke)
Synekdoche	Wahl des engeren Begriffs statt des weiteren (pars pro toto) oder umgekehrt	„sein Brot verdienen", „Schwelle" (= Haus), „Eisen" (= Schwert)"
Symbol	ein Gegenstand oder Geschehen verweist sinnbildlich auf etwas anderes	„Taube" (Frieden), „Rose" (Liebe)
Vergleich	zwei Bereiche werden durch Vergleichspartikel miteinander verknüpft	„Doch eure Süße blüht wie eines herben Kusses dunkle Frucht" (Georg Heym).

6.4 Sprache als Zeichen- und Kommunikationssystem

6.4.1 Zeichensystem

Die Vorstellung von Sprache als Zeichensystem geht von der Abbildfunktion aus:

1. Nach dem **Zeichenmodell** von Ferdinand de Saussure (1857-1913) verbinden sich im sprachlichen Zeichen das Lautbild (Ausdruck, Bezeichnendes) mit einer Vorstellung vom Gegenstand (Inhalt, Bezeichnetes). Die Wahrnehmung von Lautbild und Gegenstand macht dem Betrachter beide Aspekte bewusst. Die Zuordnung von Vorstellung und Lautbild ist aber weder logisch noch natürlich. Nach de Sassure sind für das sprachliche Zeichen sowohl Arbitrarität (Beliebigkeit; Willkürlichkeit) als auch Konventionalität (Festlegung durch die Sprachgemeinschaft) wesentlich.

2. Das **semiotische Dreieck** nach Ogden (1889-1957) und Armstrong (1893-1979) berücksichtigt die Einsicht, dass es keine logische Verbindung zwischen dem Zeichen (Signifikant) und dem Objekt (Denotat) gibt, sondern nur über den Inhalt des Bewusstseins (Signifikat) eine Verstehensbasis geschaffen wird.

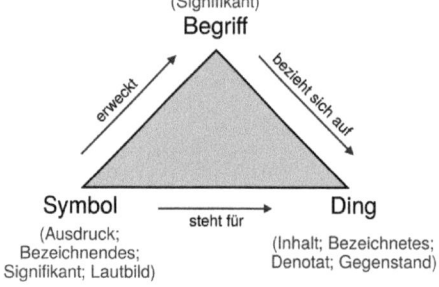

(Signifikant)
Begriff
erweckt
bezieht sich auf
Symbol ——steht für——> **Ding**
(Ausdruck; Bezeichnendes; Signifikant; Lautbild)
(Inhalt; Bezeichnetes; Denotat; Gegenstand)

6.4.2 Kommunikationssystem

Ein anderer Zugang zum Verständnis der Sprache ist die Erkenntnis, dass sie neben der Abbildungsfunktion eine mediale Bedeutung als Instrument zur Verständigung zwischen Kommunikationspartner einnimmt. Hierzu solltest du drei Modelle kennen:

1. Nach dem **Sender-Empfänger-Modell** von Shannon (1916-2001) und Weaver (1894-1978) übernimmt die Sprache die Funktion, eine Nachricht oder Botschaft zu bilden, über die Sender und Empfänger Informationen austauschen, wenn ein gemeinsames Sprachverständnis zwischen beiden Partnern gegeben ist. Dabei codiert der Sender die Nachricht, während sie der Empfänger decodiert; über das Feedback ist eine Umkehrung des Vorgangs möglich, bei dem Sender und Empfänger die Rollen tauschen. Störungen sind möglich durch abweichendes Codieren bzw. Decodieren.

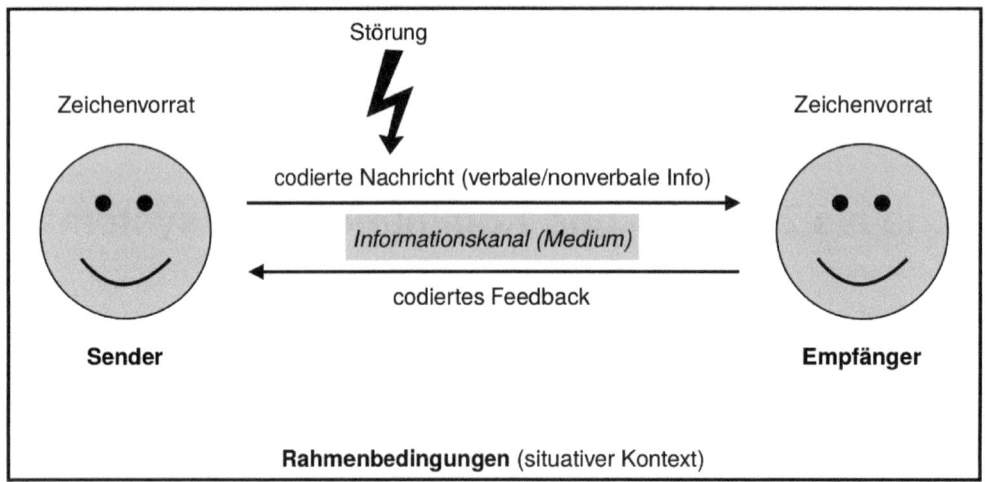

2. Das **Organon-Modell** nach Karl Bühler (1879-1963) geht davon aus, dass Sprache ein Werkzeug zur Mitteilung über Elemente der Realität ist, wobei drei Funktionen möglich sind:

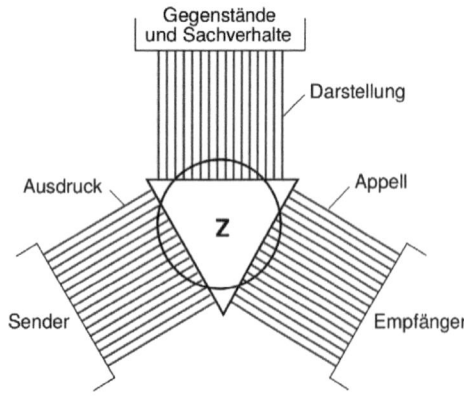

Das sprachliche Zeichen „Z" ermöglicht eine sinnhafte Beziehung zwischen Sender, Empfänger und Gegenstand oder Sachverhalt, über den kommuniziert wird. Grundsätzlich sind in einer sprachlichen Mitteilung die Funktionen „Darstellung", „Ausdruck" und „Appell" möglich, wobei sie je nach Mitteilungsabsicht des Senders in unterschiedlicher Ausprägung gegeben sind.

3. Das **Kommunikationsquadrat von Schulz von Thun** (geb. 1944) integriert vier Aspekte bzw. Botschaften, die bei jeder Nachricht gegeben sind:

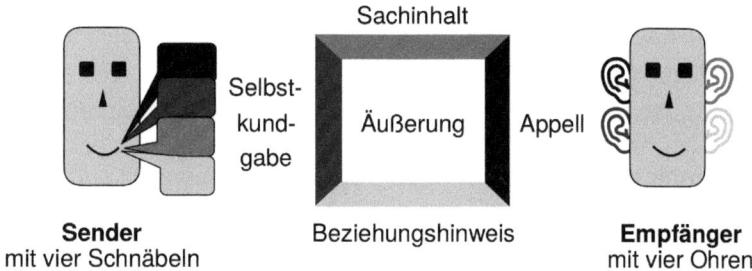

Neben dem Inhalt der Äußerung (**Sachinhalt**) gibt jeder Sender immer auch etwas über sich preis (**Selbstkundgabe**) und trifft eine Aussage über das Verhältnis zum Empfänger (**Beziehungshinweis**); zugleich enthält jede Äußerung auch einen **Appell** des Senders an den Empfänger, um ihn zu einer Handlung zu veranlassen.

Kommunikationsstörungen entstehen, wenn Sender und Empfänger unterschiedliche Aspekte in den Vordergrund stellen und/oder überhören.

6.5 Vielfalt und Entwicklung als Wesensmerkmale menschlicher Sprache

Sprachphilosophie und Sprachtheorie zeigen, dass Sprache ein mehrdimensionales und vielschichtiges Phänomen ist. Sie hat einen **diachronen** (Sprachentwicklung und Sprachwandel im Laufe der Geschichte) und **synchronen** (Regelhaftigkeit und Verschiedenheit in der Ausprägung) Aspekt.

Wandel und
Varietäten

6.5.1 Sprachentwicklung und Sprachwandel

Die Geschichte der deutschen Sprache als Teil der indoeuropäischen Sprachfamilie beginnt ca. um 2000 v.Chr. Es vollziehen sich dabei relativ regelmäßige Veränderungsprozesse in allen Bereichen der Grammatik (Phonetik, Phonologie, Graphematik, Morphologie, Syntax, Semantik, Lexikologie, Pragmatik). Die historische Entwicklung geschieht auf verschiedenen Sprachstufen:

Sprachstufe	Zeitraum
Indogermanisch	5000 – 1500 v.Chr.
Gemeingermanisch	1500 v.Chr. – 500 n.Chr.
Althochdeutsch	500 – 1050 n.Chr.
Mittelhochdeutsch	1050 – 1350 n.Chr.
Frühneuhochdeutsch	1350 – 1650 n.Chr.
Neuhochdeutsch	1650 – 1900 n.Chr.
Gegenwartsdeutsch	seit 1900

Für alle Sprachstufen lassen sich spezifische Merkmale, z.B. im lautlichen Bereich ermitteln und in Grammatiken und Wörterbüchern festhalten; dies ermöglicht die Übersetzung von Texten, die sich diesen Sprachstufen zuordnen lassen.

Sprachwandel ist ein natürlicher, unbeabsichtigter, ungeregelter und zeitloser Prozess, bei dem sich die Sprache in Abhängigkeit von historischen Veränderungen (v.a. Gesellschaft, Politik, Wirtschaft, Wissenschaft) entwickelt. Es lassen sich einige Tendenzen im Sprachwandel feststellen:

- Trend zur **Vereinfachung**, z.B. Verdrängung des Genitivs; Verzicht auf Artikel; Rechtschreibreduktion, z.B. durchgehende Kleinschreibung; Neigung zu Abkürzungen; Ersatz von Worten durch Symbole und Zeichen (z.B. Emoticons)

- Ausdifferenzierung von **Bedeutungen**, z.B. Verschlechterung, Verbesserung, Erweiterung, Verengung, Verschiebung

- Erweiterung des Wortschatzes, z.B. durch **Lehnwörter** und **Fremdwörter**

- **Annäherung der Schriftlichkeit an Mündlichkeit**, z.B. durch Anglizismen

6.5.2 Sprachvarietäten

Vielfalt und Vielschichtigkeit des Deutschen zeigt sich in der großen Zahl kultureller, regionaler und sozialer Varianten. Auch wenn es eine normierte deutsche Hochsprache (Standarddeutsch) als Konstrukt der DUDEN-Redaktion gibt, wird in der Realität doch immer in einer Mischung verschiedener Sprachvarietäten gesprochen:

- **Dialekte** (Mundarten) im regional begrenzten Raum

- **Umgangssprache** in der (meist) mündlichen Alltagskommunikation

- **Fachsprache** in der Expertenkommunikation eines Faches oder einer Berufsgruppe

- **Soziolekt** als Sprache einer gesellschaftlichen Schicht oder sozialen Gruppe

- **Jugendsprache**: sehr heterogene und der Wandlung unterworfene Sprache der Altersgruppe zwischen 11 und 25

6.5.3 Sprachkrise und Sprachkritik; Einflüsse der globalen und digitalen Mediengesellschaft

Medien -
Geschichte
und Kritik

Seit Beginn der Moderne wird in Deutschland angesichts der teilweise erschütternden Umbrüche und existenziellen Krisenerfahrungen (z.B. Weltkriege) eine zunehmende Skepsis laut, hinsichtlich der Frage, wie man der komplexen und nicht mehr eindeutig zu verstehenden Wirklichkeit sprachlich gerecht zu werden. Diese Orientierungslosigkeit und Unsicherheit prägt v.a. die literarische Sprache, z.B. im Expressionismus oder in der Trümmerliteratur der Stunde Null, etwa in Gestalt einer hermetischen Sprache, die eine eindeutige und konsensfähige Interpretation verhindert – bis hin zur absoluten Sprachlosigkeit. Angefangen von Friedrich Nietzsche („Über Wahrheit und Lüge im außermoralischen Sinne" [1873]) über Hugo von Hofmannsthal („Brief" [1902]) bis hin zu Rilke (1875-1926), Musil (1880-1942), Benn (1886-1956), Frisch (1911-1991). Das Misstrauen gegenüber einer verlässlichen Darstellungs-, Ausdrucks- und Appellfunktion der Sprache beschäftigt die Literatur bis heute. Hinzu kommt der Einfluss der v.a. digitalen Medien auf Sprachgebrauch und Sprachverhalten der Menschen. Dabei werden folgende Gefahren und Risiken diskutiert, die aber auch kritisch zu hinterfragen sind:

- **Sprachverfall** im Zuge einer zunehmenden restriktiven Sprachpraxis durch simplifizierende und verfälschende Sprachpraxis

- Zunahme an **Oberflächlichkeit**, **Vereinfachung** und **Inhaltsarmut** sowie Missverständlichkeit der ad-hoc-Kommunikation in den sozialen Netzwerken

- Missbrauch der Sprache in der **Anonymität** und **Unkontrollierbarkeit** des Internets

- **Verletzung der Menschenwürde sowie Menschenrechte** im Sprachgebrauch ohne ethische Mindeststandards in einer pluralisierten und radikal beschleunigten Welt

- Missachtung von **Intimität** und **Privatsphäre**

- **Ökonomisierung** menschlicher Kommunikation; **Datenmissbrauch**

- Schwierigkeit, zwischen Fiktion und Realität zu unterscheiden; **Verdrängung der Komplexität** der Wirklichkeit und der Bedeutung differenzierter Argumentation

- Erschaffung von **Pseudoidentität** und unüberprüfbarer **fake news**

- **Verarmung** direkter und natürlicher **sozialer Kontakte**; Verlust der Natürlichkeit und Unmittelbarkeit zwischenmenschlicher Begegnung

- **Instrumentalisierung** der Medien und **Kanalisierung** von Inhalten aus politischen oder wirtschaftlichen Interessen

- Verlust von Traditionen und gesellschaftlich tragender kultureller Werte

7 Aufsatztechnik

In diesem Kapitel erhältst du für jedes Abituraufgabenformat eine gegliederte Zusammenstellung aller Erschließungs- und Interpretationsbereiche. Wenn du dich für das jeweilige Aufgabenformat entscheidest, musst du die genannten Aspekte beherrschen und am Text nachweisen können.

7.1 Interpretation literarischer Texte (Aufgaben I, II und III)

Die ersten drei Aufgabenformate beziehen sich auf lyrische, dramatische und epische Texte. Es geht dabei in Teilaufgabe a) zunächst nur darum, den vorgegebenen literarischen Text zu „interpretieren". Dieser Operator meint dabei aber nicht nur die **sinngebende Deutung**, sondern umfasst auch die **Erschließung** des Textes. Deshalb wird **vor** der eigentlichen Interpretation das Gedicht bzw. der dramatische oder epische Text zunächst nach verschiedenen Kriterien beschreibend analysiert; dabei müssen **inhaltliche**, **formale** und **sprachliche Elemente** in ihrem funktionalen Zusammenhang untersucht werden. Eine genaue Analyse von Inhalt, Sprache und Form ist die Grundlage für eine überzeugende Deutung.

Auch wenn sich die Untersuchungsbereiche bei lyrischen, epischen und dramatischen Texten ähnlich sind, gibt es doch gattungsspezifische Unterschiede. Daher werden zunächst jene Erschließungsfelder genauer beschrieben, bevor auf das Interpretieren selbst (Teilaufgabe b)) eingegangen wird. Die folgende Zusammenstellung in den Kapiteln 7.1.1 bis 7.1.3 enthält für Lyrik, Drama und Epik die Grundbegriffe, die man zur Erschließung des Textes in den verschiedenen Untersuchungsbereichen beherrschen sollte. Die Aspekte werden hier nur als Checkliste aufgeführt – Definitionen und Beispiele solltest du aus dem Unterricht, den zugehörigen Materialien und Mitschriften sowie deinem Deutschbuch kennen.

Entscheidend für die Qualität einer Erschließung ist, dass nicht nur formale und sprachliche Beobachtungen am Text (z.B. Kreuzreim, Anapher, Wortfeld „Krieg") angeführt werden, sondern immer die Bedeutung des Befundes für die besondere Hervorhebung des Inhalts (z.B. auffordern, belehren, informieren, überzeugen, überreden, widersprechen) an einem konkreten Textbeispiel erläutert wird. Es wird nicht erwartet, dass man jeden einzelnen Punkt abarbeitet - manchmal finden sich dazu auch keine Beobachtungen im Text. Es wird hier nur eine vollständige Liste aller grundsätzlichen Erschließungsaspekte geboten. Prinzipiell gilt ohnehin das Vorgehen, wie es im Unterricht geübt und in vier Schulaufgaben angewandt wurde.

Eine überzeugende Erschließung muss folgende **Qualitätskriterien** erfüllen:

- **Anschaulichkeit**: Belege für Thesen und Behauptungen durch Textstellen (Zitate!)

- **Logik**: Begründung von Behauptungen durch logische Argumente

- **Plausibilität** und **Schlüssigkeit**: Nachvollziehbare Darstellung durch Verbindung von These, Argument und Beispiel

Damit ergibt sich – ähnlich wie bei der Erörterung – für die Formulierung der Erschließungsergebnisse ein **argumentatives Schema**:

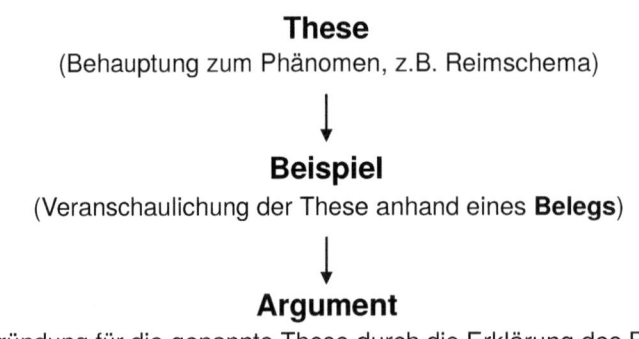

These
(Behauptung zum Phänomen, z.B. Reimschema)

↓

Beispiel
(Veranschaulichung der These anhand eines **Belegs**)

↓

Argument
(Begründung für die genannte These durch die Erklärung des Belegs)

7.1.1 Erschließen lyrischer Texte

Gedichtanalyse/
-interpretation

Die ersten vier Erschließungsbereiche werden bei Gedichtinterpretationen immer erwartet:

(1) Kommunikations- oder Sprechsituation

> **Setze niemals den Autor mit dem lyrischen Ich bzw. dem Sprecher gleich! Die im Gedicht sprechenden Figuren sind vom Autor geschaffen!**

- **Art des Gedichts**: Alltagslyrik; Arbeiterlyrik; Bildgedichte; Exillyrik; Dinggedicht; Gebrauchslyrik; Gedankenlyrik (Ideen); Hermetische Lyrik; Erlebnislyrik; Konkrete Lyrik (Poesie); Kriegslyrik; Liebeslyrik; Naturlyrik; Öko (Umwelt)lyrik; Poetologische Lyrik; Politische Lyrik; Religiöse Lyrik; Rollengedicht; Stimmungslyrik

- **Elemente**: (explizites oder implizites) lyrisches Ich bzw. Du oder (verdeckter) Sprecher; räumlicher und zeitlicher Standort und Haltung des lyrischen Ichs bzw. Sprechers; Motiv; Thema; Ort; Zeit

- **Sprechhaltung und Sprechweise**: z.B. distanziert; emotional; heiter; melancholisch; nachdenklich; neutral; sachlich; schwärmend

- ggf. **Hypothese zur Deutung/Interpretation**

(2) gedanklicher = inhaltlicher = innerer Aufbau

- **Sinnabschnitte**: inhaltlich zusammengehörige Versgruppen

- **Art ihrer Verknüpfung**: Entfaltung eines Themas; antithetisch; argumentativ; dialektisch; linear; steigernd; kreisend

(3) formale und metrische Gestaltung

Die folgenden formalen Aspekte können auch unter dem Begriff „**Äußerer Aufbau**" analysiert werden:

- **Versformen**: Alexandriner; Blankvers; Distichon; Hexameter; Knittelvers; Pentameter

- **Strophenformen**: Distichon; Terzett; Quartett; (Volks-)Liedstrophe; freie Rhythmen

- **lyrische Gattungen**: Ballade, Elegie; Epigramm; Hymne/Hymnus; konkrete Lyrik; Lied; Ode; Sonett

Die folgenden Untersuchungsaspekte gehören zur **metrischen Gestaltung**:

- **Versfüße**: Jambus; Trochäus; Daktylus; Anapäst

- **Metrum** (Versmaß): Abfolge von Hebungen und Senkungen pro Vers, z.B. fünfhebiger Jambus; Alternation; Auftakt; Zäsur

- **Reimarten**: Assonanz, Binnenreim, Endreim; Stabreim

- **Reimqualität**: Assonanz; identisch; rein; unrein

- **Reimschema**: Kreuzreim; Paarreim; Schweifreim; umarmender Reim

- **Kadenzen**: männlich-stumpf; weiblich-klingend

- **Klang**: z.B. dumpf; hart; hell; weich

- **Rhythmus**: z.B. drängend; fließend; leicht; regelmäßig; ruhig; schwer; stockend; strömend; tänzerisch; unregelmäßig

- **Verhältnis von Verseinheit und Syntax**: Enjambement; Zeilenstil

(4) sprachlich-stilistische Gestaltung

- **Semantik**

  - **Wortfelder**, z.B. Krieg, Liebe, Natur, Stadt
  - **Wortfamilien**, z.B. Liebeslied, Liebeskummer, Liebesmühe
  - **Wortarten**, z.B. Adjektive; Verben; Nomen; Interjektionen
  - **besondere Wortwahl**: Abstrakta; Archaismen; Fremdwörter; Neologismen; Schlagwörter; Schlüsselbegriffe; Stereotypen; Synonyme

- **Stil**

  - **Stilebene**: Nominalstil; Verbalstil; nüchterner Stil; rhetorischer Stil; salopper Stil; wissenschaftlicher Stil
  - **Sprachebene**: z.B. Dialekt; dichterische Sprache; Fachsprache; gehobene Sprache; Soziolekt; Standardsprache; Umgangssprache

- **Syntax**

  - **Satzarten**: Aussage-, Ausrufe-, Fragesatz

- **Satztypen**: Hauptsatz; Nebensatz; Attributsatz; Konjunktionalsatz; Relativsatz
- **Satzbau**, Hypotaxe – Parataxe
- **Syntaktische Stilmittel**: z.B. Anapher; Asyndeton; Ellipse; Hypotaxe; Inversion; Parallelismus; Parataxe; Polysyndeton

• **rhetorische Stilmittel**: vgl. Kapitel 6.3

(5) Die folgenden zusätzlichen Erschließungsbereiche können oder müssen (wenn extra gefordert) untersucht werden

• **Figurengestaltung** (v.a. in Balladen und Erzählgedichten):

- **Art der Figuren**: Haupt- und Nebenfiguren; Protagonist und Antagonist; statisch oder dynamisch; Charakter oder Typ
- **Figurenkonstitution, -konzeption** (äußere Merkmale; Charakter; Gedanken; Gefühle; Verhalten; Sprache; Werthaltungen) soziale Stellung, Geschlecht, Generation, Wertorientierung
- **Figurenkonstellation** Art und Intensität der Beziehung, z.B. Freundschaft, Liebe, Hass, Neid

• **Raumgestaltung = Topologie**: z.B. Gegensätze: Drinnen vs. Draußen, Oben vs. Unten, Natur vs. Kultur; Stadt vs. Land; Statik vs. Bewegung; Realitätsbezug: fiktional, geographisch, symbolisch; Funktionalität: Handlung, Leben, Stimmung, Symbol

• **Zeitgestaltung = temporale Struktur**: z.B. Chronologie; Festtage; historische Bezüge (z.B. geschichtliche Ereignisse; Figuren); Lebenszeiten; Tages- und Jahreszeiten; Tempusformen; Rückblenden, Vorausdeutungen

7.1.2   Erschließen dramatischer Texte

Dramenanalyse

Die ersten vier Erschließungsbereiche werden bei Drameninterpretationen immer erwartet:

(1) ggf. Einordnung der Szene in den Gesamtzusammenhang

Normalerweise wird ein unbekannter Textauszug aus einem Drama vorgelegt – dann entfällt dieser Punkt, der in Schulaufgaben mit einer geforderten Drameninterpretation üblicherweise verlangt wird. Sollte einmal ein Auszug aus dem einzigen im Lehrplan konkret als verpflichtend genannten Drama „Faust I" von Goethe oder vielleicht sogar ein aus dem Unterricht bekanntes Drama drankommen, dann wäre auch hier eine Einordnung des gegebenen Auftritts in die Gesamthandlung als Einstieg in die Erschließung nötig oder sinnvoll. Dabei wird die Handlung des ganzen Dramas zusammengefasst und dargelegt, an welcher Stelle und mit welcher Bedeutung und Funktion für die Gesamthandlung der Textauszug im Drama erscheint.

> Im klassischen (Aristotelischen) Drama gibt es (nach Gustav Freytag) einen formstrengen Aufbau unter Berücksichtigung der drei Einheiten (Handlung; Ort; Zeit), in den sich eine Szene einordnen lässt:
>
> 1. Akt: Exposition = Einleitung

2. Akt: steigende Handlung = erregendes Moment

3. Akt: Peripetie = Höhepunkt, Wendepunkt

4. Akt: fallende Handlung = retardierendes Moment

5. Akt: Katastrophe = Auflösung

(2) Überblick

- **Art des Dramas**: analytisches vs. Zieldrama; klassisches Drama vs. modernes Drama; geschlossenes vs. offenes Drama

- **äußerer Aufbau**: Akt (Aufzug); Auftritt (Szene); Prolog; Epilog; Bild (episches Theater)

- **Gesprächs-/Kommunikationssituation/situativer Kontext**:
z.B. Gesprächsteilnehmer/Figuren; Ort; Zeit; Anlass; Vorgeschichte

- **Art der Kommunikation**: z.B. öffentlich, privat, Streit; zentraler Konflikt (Ursachen – Entwicklung – Lösung); Stoff; Thema; Rahmenbedingungen (z.B. soziale, kulturelle, politische)

- ggf. **Hypothese zur Deutung/Interpretation**

Dramatik

(3) Gesprächs- und Handlungsverlauf im Einzelnen = innerer Aufbau

Der innere Aufbau von Dramenausschnitten wird durch die Untersuchung des Gesprächsverlaufs (ggf. unter Einbeziehung der Handlung und ihrer Struktur) erschlossen. Dabei wird sowohl die **Inhalts-** als auch die **Beziehungsseite** des Gesprächs miteinbezogen.

- **Handlung**: äußere vs. innere; offene vs. verdeckte

- **gedanklicher Aufbau**: Wiedergabe der Sinnabschnitte mit eigenen Worten

- **Art der Figurenrede** (Haupttext, Primärtext): Prolog; Monolog; Dialog; Epilog

- **Dialogführung = Gesprächsführung**:

  - **Art des Monologs**: Brückenmonolog; epischer Monolog; Konfliktmonolog, lyrischer Monolog; Reflexionsmonolog; Entscheidungsmonolog

  - **Art des Dialogs**: dramatischer Dialog; Diskussion; Enthüllungs-, Erkundungs-, Expositions-, Konflikt; Konversationsdialog; Scheindialog (Aneinandervorbeireden); monologhafter Dialog; Verhör; Expositionsmonolog

  - **Dialog-/Gesprächsstruktur**: diskontinuierlich; linear; symmetrisch; komplementär

  - **Gesprächsstrategien**: z.B. abweisend; berichtend; beziehungsstiftend oder –störend; empathisch; entgegenkommend; informierend; initiierend; kommentierend; reagierend; selbstoffenbarend; veranschaulichend

  - **Sprechhandlungen**: z.B. befehlen, erkunden, fordern, kritisieren

  - **Verhalten der Figuren im Dialog**: Absichten; Ziele

(4) Dramaturgisch-szenische Gestaltung

- **dramatische Gattung**: Absurdes Drama/Theater; Bürgerliches Trauerspiel; Charakterdrama; Dokumentartheater; Episches Theater; Geschichtsdrama (Historisches Drama); Hörspiel; Ideendrama; Komödie; Parabelstück; Soziales Drama; Sprechstück; Tragikomödie; Tragödie; Volksstück; Einhaltung der „drei Einheiten" (Handlung; Ort; Zeit); Ständeklausel

- **Art der Figurenrede**: Monolog; Dialog; Figurenrede mehrerer Sprecher; Botenbericht; Mauerschau (Teichoskopie); Beiseitesprechen

- **Gesprächs-/Redeanteile und deren evtl. Veränderung:** Dominanz/Unterordnung; Distanz/Nähe; Abwertung/Wertschätzung; symmetrische, asymmetrische oder komplementäre Kommunikation; Sprecherwechsel; ggf. Gesprächsstörungen

- **Bühnen-/Regieanweisungen** (Nebentext, Sekundärtext; meist in Kursivschrift): Verhalten der Figuren (z.B. Gestik; Mimik); Hinweise zu Rahmenbedingungen; Beschreibung von Kostümen und Requisiten; Ereignisse; Situation (z.B. Wetter)

- **Körpersprache**: Gestik; Körperhaltung; Mimik; Abstand zum Dialogpartner; Intonation (Akzentsetzung, Lautstärke; Pausen; Redetempo, Rhythmus)

(5) sprachlich-stilistische Gestaltung

- **Versform** (z.B. Blankvers) oder **Prosa** (v.a., bei modernen Dramen)

- **Stichomythie**: Verteilung von Rede und Gegenrede jeweils auf einen Vers; **Antilaben**: Sprecherwechsel innerhalb desselben Verses (> Ausdruck schnellen und wechselseitigen Gedankenaustauschs)

- **Semantik**
    - **Wortfelder**, z.B. Krieg, Liebe, Natur, Stadt
    - **Wortfamilien**, z.B. Naturphänomene; natürlich; Naturschauspiel
    - **Wortarten**, z.B. Adjektive; Verben; Nomen; Interjektionen
    - **besondere Wortwahl**: Abstrakta; Archaismen; Fremdwörter; Neologismen; Schlagwörter; Schlüsselbegriffe; Stereotypen; Synonyme

- **Stil**
    - **Stilebene**: Nominalstil; Verbalstil; nüchterner Stil; rhetorischer Stil; salopper Stil; wissenschaftlicher Stil
    - **Sprachebene**: Dialekt; dichterische Sprache; Fachsprache; gehobene Sprache; poetische Sprache; Soziolekt; Standardsprache; Umgangssprache

- **Syntax**
    - **Satzarten**: Aussage-; Befehls-; Fragesatz
    - **Satztypen**: Hauptsatz; Nebensatz; Attributsatz; Konjunktionalsatz; Relativsatz
    - **Satzbau**: Hypotaxe – Parataxe
    - **Syntaktische Stilmittel**: Anapher; Asyndeton; Ellipse; Hypotaxe; Inversion; Parallelismus; Parataxe; Polysyndeton etc.

- **rhetorische Stilmittel**: vgl. Kapitel 6.3

- **Stilebenen**: hoher (z.B. pathetisch) – mittlerer (z.B. Alltagssprache) – niederer Stil (z.B. Umgangssprache)

(6) Die folgenden zusätzlichen Erschließungsbereiche können oder müssen (wenn sie z.B. extra in einer Aufgabe genannt werden) untersucht werden

- **Figurengestaltung**

  - **Art der Figuren**: Haupt- und Nebenfiguren; Protagonist und Antagonist; statisch oder dynamisch; Charakter oder Typ

  - **Figurenkonstitution, -konzeption**: äußere Merkmale; Charakter; Gedanken; Gefühle; Verhalten; Sprache; Werthaltungen; soziale Stellung; Geschlecht; Generation; Wertorientierung

  - **Figurenkonstellation**: Art und Intensität der Beziehung, z.B. Liebe, Hass, Eifersucht, Sympathie

- **Raumgestaltung/Topologie**:

  - **Art des Raumes**: geistiger Raum; Handlungsraum, Stimmungsraum; Lebensraum; Symbolraum

  - **Bühnenbild**: illusionistisch oder realistisch

  - **Ebenen**: z.B. Gegensätze: Drinnen vs. Draußen; Oben vs. Unten; Natur vs. Kultur; Stadt vs. Land; Statik vs. Bewegung

  - **Realitätsbezug**: fiktional; faktisch; symbolisch

  - **Raummotive**: Feld (vs. Zivilisation); Fenster (Schwelle zwischen Begrenzung und Freiheit); Garten (relativ natürlicher Lebensraum); Haus (Geborgenheit, aber auch Enge), Stadt (Zivilisation, aber auch Einsamkeit und Anonymität)

- **Zeitgestaltung = temporale Struktur**

  - **Art**: Chronologie; Festtage; historische Bezüge (z.B. geschichtliche Ereignisse; Figuren)

  - **Phasen**: Lebenszeiten; Tages- und Jahreszeiten

  - **Verhältnis von Spielzeit und gespielter Zeit**: Raffung; Deckung; Dehnung; Simultaneität

  - **Tempusformen** und ihre Bedeutung

  - **(a)chronologische Darstellung**: Rückblenden; Vorausdeutungen; Zeitsprünge

7.1.3 Erschließen epischer Texte

Epik-Analyse

Die ersten vier Erschließungsbereiche werden bei Interpretationen epischer Texte immer erwartet:

(1) Ggf. Einordnung des Ausschnitts in den Gesamtzusammenhang

Normalerweise wird ein unbekannter Auszug aus einem epischen Text vorgelegt – dann entfällt dieser Punkt, der in Schulaufgaben mit einer geforderten Interpretation eines epischen Textes üblicherweise verlangt wird. Sollte einmal ein Auszug aus einem aus dem Unterricht bekannten, epischen Text drankommen, dann wäre auch hier eine Einordnung des gegebenen Auftritts in die Gesamthandlung als Einstieg in die Erschließung sinnvoll. Dabei wird die Handlung des Textes (z.B. Novelle; Roman) zusammengefasst und dargelegt, an welcher Stelle und mit welcher Bedeutung und Funktion für die Gesamthandlung der Textauszug im Gesamttext erscheint.

(2) Überblick über den Text(ausschnitt)

- **epische Gattungen**

  - **Kleinformen**:
    Anekdote; Fabel; Kalendergeschichte; Kurzgeschichte; Märchen, Parabel

  - **Mittlere Formen**: Erzählung; Novelle

  - **Großformen**: Epos; Roman (Bildungs-/Entwicklungs-; Psychologischer Roman; Familien-; Gesellschafts-; Zeit-; Historischer Roman, (post-)moderner Roman; Blogroman)

- **äußerer Aufbau**: Kapitel; Abschnitte

- **Situation(en)**: Figuren; Ort; Zeit; Umstände

- **Handlung**:

  - Stoff; Motiv; Thema

  - Rahmenhandlung; Binnenhandlung

  - äußere Handlung; innere Handlung

  - einsträngig; mehrsträngig

- ggf. **Hypothese zur Deutung/Interpretation**

(3) inhaltlicher Aufbau

- **Sinnabschnitte**: Wiedergabe inhaltlich zusammengehöriger Teile in eigenen Worten

- **innerer Aufbau**: antithetisch; steigernd; zirkulär

- **logische Verknüpfung**: linear; simultan; Vorausdeutungen; Rückblenden

(4) erzähltechnische Gestaltung (auch „Erzählweise", „erzählerische Gestaltung" u.ä.)

> **Identifiziere niemals den Autor mit dem Erzähler! Der Erzähler ist eine vom Autor geschaffene fiktive Figur.**

Gattungen

Kurzgeschichte
analysieren

- **Erzählform**: Ich-Erzähler; Er/Sie-Erzähler

- **Erzählverhalten** (auch „Erzählsituation"): auktorial; neutral; personal

- **Standort** (*point of view*): an eine Figur und deren Perspektive gebunden (personales Erzählverhalten); außerhalb des Geschehens; Abstand und Überblick (auktoriales Erzählverhalten > olympischer Erzähler)

- **Erzählperspektive**: Innensicht (personaler, auktorialer Erzähler; Außensicht (Ich-Erzähler; neutraler Erzähler)

- **Erzählhaltung**: z.B. auktorialer Erzähler: ablehnend; begeistert; ironisch; kritisch; neutral; skeptisch; wohlwollend

- **Erzählstruktur**

  - **Handlungsstruktur**: linear; parallel; diskontinuierlich; Rahmen- und Binnenerzählung; Haupt-und Nebenhandlung; Verknüpfungen, z.B. durch Hauptfigur; Leitmotiv; Dingsymbol; Montage/Collage

  - **Reihenfolge**: chronologisch; Rückblenden; Vorausdeutungen, situativ; analytisch

- **Zeitgestaltung = temporale Struktur**

  - **Art**: Chronologie; Festtage; historische Bezüge (z.B. geschichtliche Ereignisse; Figuren)

  - **Phasen**: Lebenszeiten; Tages- und Jahreszeiten

  - **Verhältnis von Erzählzeit und erzählter Zeit**: Raffung; Deckung; Dehnung; Simultaneität

  - **Tempusformen** und ihre Bedeutung

  - **(a)chronologische Darstellung**: Rückblenden; Vorausdeutungen; Zeitsprünge

- **Darbietungsformen** („Erzählmittel"):

  - **Erzählerrede**: Epischer Bericht/Erzählerbericht; Beschreibung; Schilderung; szenische Darstellung

  - **Figurenrede**: direkte Rede; indirekte Rede; Innerer Monolog; Erlebte Rede; stream of consciousness

(5) sprachlich-stilistische Gestaltung

- **Semantik**

  - **Wortfelder**: Krieg; Liebe; Natur; Stadt

  - **Wortfamilien**, z.B. Stadtbild, städtisch, Stadtplan

  - **Wortarten**: Adjektive; Verben; Nomen; Interjektionen

– **besondere Wortwahl**: Abstrakta; Archaismen; Fremdwörter; Neologismen; Schlagwörter; Schlüsselbegriffe; Stereotypen; Synonyme

- **Stil**

    – **Stilebene**: Nominalstil; Verbalstil; nüchterner Stil; rhetorischer Stil; salopper Stil; wissenschaftlicher Stil

    – **Sprachebene**: z.B. Dialekt; dichterische Sprache; Fachsprache; gehobene Sprache; Soziolekt; Standardsprache; Umgangssprache

- **Syntax**

    – **Satzarten**: Aussage-, Befehls-, Fragesatz

    – **Satztypen**: Hauptsatz; Nebensatz; Attributsatz; Konjunktionalsatz; Relativsatz

    – **Satzbau**, Hypotaxe – Parataxe

    – **Syntaktische Stilmittel**: z.B. Anapher; Asyndeton; Ellipse; Hypotaxe; Inversion; Parallelismus; Parataxe; Polysyndeton

- **rhetorische Stilmittel**: vgl. Kapitel 6.3

(6) Die folgenden zusätzlichen Erschließungsbereiche können oder müssen (wenn sie z.B. extra in einer Aufgabe genannt werden) untersucht werden

- **Figurengestaltung**

    – **Art der Figuren**: Haupt- und Nebenfiguren; Protagonist und Antagonist; statisch oder dynamisch; Charakter oder Typ

    – **Figurenkonstitution, -konzeption**: äußere Merkmale; Charakter; Gedanken; Gefühle; Verhalten; Sprache; Werthaltungen; soziale Stellung; Geschlecht; Generation; Wertorientierung

    – **Figurenkonstellation**: Art und Intensität der Beziehung, z.B. Abhängigkeit, Zuneigung, Entfremdung

- **Raumgestaltung = Topologie**

    – **Art des Raumes**: geistiger Raum; Handlungsraum, Stimmungsraum; Lebensraum; Symbolraum

    – **Ebenen**: Gegensätze: Drinnen vs. Draußen; Oben vs. Unten; Natur vs. Kultur; Stadt vs. Land; Statik vs. Bewegung

    – **Realitätsbezug**: fiktional; faktisch; symbolisch

    – **Raummotive**: Feld (vs. Zivilisation); Fenster (Schwelle zwischen Begrenzung und Freiheit); Garten (relativ natürlicher Lebensraum); Haus (Geborgenheit, aber auch Enge); Stadt (Zivilisation, aber auch Einsamkeit und Anonymität)

7.1.4 Deutung literarischer Texte

Nachdem der Text beschrieben und in inhaltlicher, formaler und sprachlicher Hinsicht erschlossen wurde, erfolgt die **Interpretation**. Darunter versteht man eine sinngebende und strukturierte Darstellung, in der der Text auf der Grundlage der Erschließungsergebnisse insgesamt oder im Hinblick auf einen einzelnen Aspekt (z. B. Thematik, Motiv) gedeutet wird. Während die detaillierte, inhaltlich, sprachlich und formal umfassende Erschließung auf die Erklärung des Textes zielt, geht es bei der zusammenführenden und -fassenden Interpretation um das Verstehen.

Damit ergibt sich – ähnlich wie bei der Erschließung – für die Interpretation ein **argumentatives Schema**:

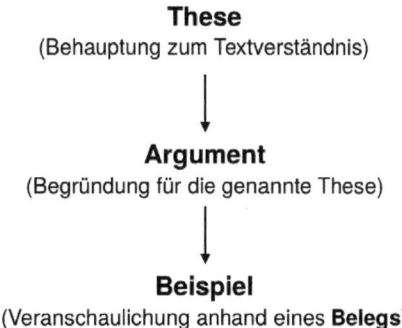

These
(Behauptung zum Textverständnis)

Argument
(Begründung für die genannte These)

Beispiel
(Veranschaulichung anhand eines **Belegs**)

Für eine Deutung können insbesondere folgende **Deutungskriterien** bzw. **Interpretationsaspekte** im Mittelpunkt stehen:

- **Selbstverständnis**: des lyrischen Ich/Du oder einer Person oder Figur: z.B. Wesen voller Sehnsucht

- **Lebensgefühl**: z.B. Freude, Angst, Optimismus, Tatkraft, Leidenschaft

- **Weltsicht, Wirklichkeitserfahrung**: z.B. rational, emotional, religiös, kritisch

- **Menschenbild**: z.B. Mensch als Maschine, Geschöpf Gottes, Naturwesen

- **Kunstideal**: z.B. romantische Universalpoesie

- **literarisches Motiv**: z.B. Melancholie, Pessimismus, Enttäuschung, Liebe, Angst, Sehnsucht, Freude

- **Thematik**: z.B. Einsamkeit des Menschen in der Stadt, Verlust der Heimat, Gefahren der Technik, Missverständnis der Sprache, Zerstörung der Natur

- **zeitgeschichtlicher Kontext**: gesellschaftlicher, philosophischer, politischer, wirtschaftlicher Hintergrund

- Bezug zur **Biographie** des Autors

- **literaturgeschichtliche** Einordnung

Es gibt verschiedene **methodische Ansätze**, mit denen man sich einer sinngebenden Deutung des Textes annähern kann:

- **text- oder werkimmanente Interpretation**: Unabhängig von externen Faktoren (z.B. geschichtlicher Kontext, Gattungswissen) wird der Text nur aus sich selbst heraus gedeutet, z.B. indem der Inhalt ohne Einbeziehung von Hintergrundwissen mit eigenen Worten hinsichtlich seiner Kernbotschaft bzw. einer möglichen Autorenintention betrachtet wird

- **kontextuelle Interpretation**: Die Deutung erfolgt mit Hilfe historischen Wissens z.B. über die Biographie des Autors oder über zeitgeschichtliche Bezüge des Textes (und Autors) zu Gesellschaft, Literatur, Philosophie, Politik, Psychologie/Psychoanalyse, Wirtschaft.

- **rezeptionsorientierter Ansatz**: Für diese Methode bildet der persönliche Verstehenshorizont des Lesers den Hintergrund. Die eigene Lebensgeschichte, persönliche Erfahrungen, aber auch das Umfeld des Lesers mit seinen je aktuellen Fragen, Problemen, Tendenzen und Strömungen bilden Bezugspunkte, um den Text sinnstiftend zu deuten.

Es ist sinnvoll, sich in der Interpretation **auf die Erschließungsergebnisse zu beziehen** und diese mit dem eigenen Textverständnis und externen Wissen (z.B. über den geschichtlichen Kontext, die entsprechende literaturgeschichtliche Epoche, psychologische Aspekte) zu verbinden. Es gibt nicht die einzig richtige und wahre Interpretation, sondern meist mehrere Deutungsmöglichkeiten; umso wichtiger ist es, dass die eigene Interpretation möglichst überzeugend ist und folgende Qualitätskriterien erfüllt:

- **Anschaulichkeit**: Beleg von Thesen und Behauptungen durch Textstellen (Zitate!)

- **Logik**: Begründung von Behauptungen durch logische Argumente

- **Plausibilität** und **Schlüssigkeit**: Nachvollziehbare Darstellung durch Verbindung von These, Argument und Beispiel

7.1.5   Motivvergleich mit einem anderen literarischen Text

Bei den Abituraufgabenformaten I, II und III wird immer ein Vergleich zu einem anderen literarischen Werk verlangt; dabei sollen die Prüflinge Gemeinsamkeiten und Unterschiede bei der Gestaltung eines vorgegebenen Motivs herausarbeiten.

Was ist ein literarisches Motiv?

Unter einem „Motiv" (lat. *movere* = bewegen; *motus* = Bewegung) versteht man in der Literatur ein inhaltliches Element, das zum Kern eines Stoffes und Themas wird.

Das zeitlose Motiv bildet nur **einen** Baustein des umfangreicheren und oft geschichtlich relevanten **Stoffes**. Mehrere Motive bilden einen Stoff. Beispiel: Motiv „Kindsmord" – *Faust*-Stoff

Ein **Thema** ist allgemeiner und beliebiger gefasst als ein bestimmtes Motiv. Es bezeichnet die abstrakte Grundidee eines Werkes. Beispiel: Motiv „Wissenschaftskritik" - Thema „Sinn menschlicher Existenz"

Das anschauliche **Symbol** oder **Bild** unterscheidet sich vom eher abstrakten Motiv. Beispiel: Motiv „Liebe" – Symbol „Ring"

Was heißt „vergleichen" bzw. „vergleichend aufzeigen"?

Unter dem Begriff „vergleichen" versteht man in Bezug auf Motive die **Gegenüberstellung** der Gestaltung eines Motivs in mindestens zwei literarischen Werken. Diese kann unter bestimmten vorgegebenen Kriterien oder frei erfolgen. Dabei sind Gemeinsamkeiten und Unterschiede herauszuarbeiten und schließlich soll in einem zusammenfassenden Fazit ein Ergebnis des Vergleichs formuliert werden. Es genügt für einen Motivvergleich nicht, zwei literarische Gestaltungen eines Motivs einfach nebeneinander zu stellen, ohne sie aufeinander zu beziehen.

Beispiele aus den Abituraufgaben seit 2013:

1. Zeigen Sie ausgehend von Ihren Ergebnissen vergleichend auf, wie die Entfremdung zwischen zwei Menschen in einem anderen literarischen Werk dargestellt wird! (2013, II b)

2. Zeigen Sie ausgehend von Ihren Ergebnissen vergleichend auf, wie die Protagonistin eines anderen literarischen Werks den sich ihr stellenden Herausforderungen begegnet! (2013, III b)

3. Zeigen Sie ausgehend von Ihren Ergebnissen vergleichend auf, wie die Stadt in Text C dargestellt wird! (2014, I b)

4. Zeigen Sie ausgehend von Ihren Ergebnissen vergleichend auf, wie das Thema der unerfüllten Liebe in einem anderen literarischen Werk dargestellt wird! (2014, II b)

5. Legen Sie ausgehend von Ihren Ergebnissen vergleichend dar, wie das Unheimliche in einem anderen literarischen Werk gestaltet wird! (2014, III b)

6. Zeigen Sie ausgehend von Ihren Ergebnissen vergleichend auf, wie das Thema „Abschied" in einem anderen literarischen Werk dargestellt wird! (2015, I b)

7. Zeigen Sie ausgehend von Ihren Ergebnissen vergleichend auf, wie das Machtgefälle zwischen zwei Figuren in einem anderen literarischen Werk dargestellt wird! (2015, II b)

8. Zeigen Sie ausgehend von Ihren Ergebnissen vergleichend auf, wie eine Verhaltensänderung in einem anderen literarischen Werk dargestellt wird! (2015, II b)

9. Zeigen Sie ausgehend von Ihren Ergebnissen vergleichend auf, wie das Thema der existenziellen Verunsicherung in einem anderen literarischen Werk gestaltet wird! (2016, I b)

10. Zeigen Sie ausgehend von Ihren Ergebnissen vergleichend auf, wie Geschlechterrollen in einem anderen literarischen Werk gestaltet werden! (2016, II b)

11. Zeigen Sie ausgehend von Ihren Ergebnissen vergleichend auf, wie in einem anderen literarischen Werk der Beginn einer Liebesbeziehung gestaltet wird! (2016, II b)

12. Vergleichen Sie ausgehend von Ihren Ergebnissen die Gestaltung der Beziehung zwischen Mensch und Wasserwesen in den Gedichten *Winternacht* von Gottfried Keller und *Der Fischer* von Johann Wolfgang von Goethe (Text C)! Berücksichtigen Sie dabei sowohl inhaltliche als auch ausgewählte sprachliche Aspekte! (2017, I b)

13. Zeigen Sie ausgehend von Ihren Ergebnissen vergleichend auf, wie in einem anderen literarischen Werk die Identität einer Figur problematisiert wird! (2017, II b)

14. Zeigen Sie ausgehend von Ihren Ergebnissen vergleichend auf, wie die Figur des Außenseiters bzw. einer Außenseiterin in einem anderen literarischen Werk gestaltet wird! (2017, III b)

15. Vergleichen Sie die Gestaltung von „Kindheit" in Rilkes Gedicht mit der in Günter Kunerts Gedicht „Gottgleich"! Berücksichtigen Sie dabei sowohl inhaltliche als auch ausgewählte sprachliche Aspekte! (2018, I b)

16. Zeigen Sie ausgehend von Ihren Ergebnissen vergleichend auf, wie in einem anderen literarischen Werk eine Figur ihre Ziele durch List, Täuschung oder eine subversive Strategie zu erreichen versucht! (2018, II b)

17. Zeigen Sie ausgehend von Ihren Ergebnissen vergleichend auf, wie in einem anderen literarischen Werk der Protagonist bzw. die Protagonistin mit einer Situation der Überforderung umgeht! (2018, II b)

18. Vergleichen Sie die Gestaltung des Themas Einsamkeit in den Gedichten *Wonne der Einsamkeit* von Ludwig Tieck und *Kleines Solo* von Erich Kästner! Berücksichtigen Sie dabei sowohl inhaltliche als auch sprachlich-formale Aspekte! (2019, I b)

19. Zeigen Sie ausgehend von Ihren Ergebnissen vergleichend auf, wie in einem anderen literarischen Werk die Reaktion auf eine erschütternde Erfahrung gestaltet wird! (2019, II b)

20. Zeigen Sie ausgehend von Ihren Ergebnissen vergleichend auf, wie in einem anderen literarischen Werk die Suche nach Selbstverwirklichung gestaltet wird! (2019, III b)

Im Anhang befinden sich Übersichten zu:

- **Motive in typischen Werken der literarischen Epochen**

- **Literarische Motive im Überblick - Zuordnung von typischen Werken**

Wie verfasst man einen Motivvergleich?

Für den Vergleich mit einem anderen literarischen Werk bezüglich der unterschiedlichen Gestaltung eines vorgegebenen Motivs müssen folgende Aspekte zwingend beachtet werden:

- eigener Oberpunkt (z.B. B III) mit mindestens zwei differenzierten Unterpunkten (z.B. Gemeinsamkeiten und Unterschiede) nach der Interpretation

- ggf. das Motiv in einem ersten Punkt klären, sofern noch nicht in der Interpretation schon abgehandelt

- entweder Gemeinsamkeiten und Unterschiede in der Motivgestaltung herausarbeiten oder Vergleichskriterien definieren (z.B. Ausgangssituation; Entwicklung; Gründe; Folgen; Ausprägungen etc.)

- methodisches Vorgehen wie bei der Interpretation: These – Begründung – Beispiel (Beleg bzw. Zitat)

Beispiel: Abiturprüfung 2018/Aufgabe I
Aufgabe: Vergleichen Sie die Gestaltung von Kindheit in Rilkes Gedicht „Das Karussell" mit der in Kunerts Gedicht „Gottgleich". Berücksichtigen Sie dabei sowohl inhaltliche als auch ausgewählte sprachliche und formale Aspekte!

Vorschlag für eine Gliederung (Interpretation und Motivvergleich):

II. Der Motivkomplex „Kindheit" und „Lebenszyklus"

    1 Das Karussell als Symbol für die Kindheit

    2 Von der Kindheit über die Adoleszenz zum Erwachsensein

    3 Die Karussellfahrt als Sinnbild des Lebens

    4 Sinnkrise und Vanitas – das Gedicht als Beispiel für die Literatur der Jahrhundertwende

III. Vergleich der Gestaltung von Kindheit in Rilkes Gedicht „Das Karussell" und Kunerts Gedicht „Gottgleich"

    1 Sprechsituation und Perspektive

    2 Raum- und Zeitgestaltung

    3 Bewertung der Kindheit als Lebensphase

    4 Sprachliche Gestaltung: Drehbewegung vs. Entschleunigung

    5 Formale Aspekte: Von der relativen Formstrenge zum Prosagedicht

7.1.6 Poetologische Zusatzaufgabe („b)-Aufgabe") bei Aufgabe II oder Aufgabe III an Stelle des Motivvergleichs

Im Abitur 2022 wird im Format II (Drama) **oder** III (Prosa) in der b-Frage statt eines Motivvergleichs eine poetologische Aufgabe gestellt; diese ist in jedem Fall materialgestützt (Umfang: 1/2 bis 1 Seite). Das heißt, dass nach der üblichen Interpretation im Teil a) ein theoretischer Text etwa zur Dramaturgie, erzählerischen Mitteln, Gattungsfragen, ggf. auch Literaturepochenwissen o.ä. für die b-Aufgabe beigegeben wird und die mit diesem Text verknüpften Inhalte auf den literarischen Text der Aufgabe angewandt werden sollen.

Beispiel: In der Abiturprüfung 2018 wurde bei Aufgabe II (Drama) (allerdings in der a)-Aufgabe) folgendes Material beigegeben, das die Vorstellung Dürrenmatts vom Theater in theoretischer Weise zum Ausdruck bringt:

Material: Gero von Wilpert, *Theaterprobleme* (1954)
(Quelle: Friedrich Dürrenmatt, Theaterprobleme, in: ders., Gesammelte Werke in sieben Bänden, Bd.7. Essays, Gedichte, Zürich 1996, S. 57-61)

  1   [...] Doch die Aufgabe der Kunst, soweit sie überhaupt eine Aufgabe haben kann, und
      somit die Aufgabe der heutigen Dramatik ist, Gestalt, Konkretes zu schaffen. Dies vermag
      vor allem die Komödie. Die Tragödie, als die gestrengste Kunstgattung, setzt eine gestaltete
      Welt voraus. Die Komödie [...] eine ungestaltete, im Werden, im Umsturz begriffene, eine Welt,
  5   die am Zusammenpacken ist wie die unsrige. [...] Uns kommt nur noch die Komödie bei. Unsere
      Welt hat ebenso zur Groteske (=Form der derb-komischen, drastischen Darstellung (z. B. im
      Theater), die mit bewusst karikierender Verzerrung oder satirischer Übersteigerung vor allem
      das Paradoxe herausarbeitet und dem Grauen und Schrecken Züge des Komischen und
      Lächerlichen verleiht) geführt wie zur Atombombe [...]. Nun liegt der Schluß nahe, die Komödie
 10 sei der Ausdruck der Verzweiflung, doch ist dieser Schluß nicht zwingend. Gewiß, wer
      das Sinnlose, das Hoffnungslose dieser Welt sieht, kann verzweifeln, doch ist diese Verzweiflung
      nicht eine Folge dieser Welt, sondern eine Antwort, die man auf diese Welt gibt, und eine andere

15 Antwort wäre das Nichtverzweifeln, der Entschluß etwa, die Welt zu bestehen [...]. Auch der
nimmt Distanz, auch der tritt einen Schritt zurück, der seinen Gegner einschätzen will, der
sich bereit macht, mit ihm zu kämpfen oder ihm zu entgehen. Es ist immer noch möglich,
den mutigen Menschen zu zeigen. [...] Endlich: Durch den Einfall, durch die Komödie wird das
anonyme Publikum als Publikum erst möglich, eine Wirklichkeit, mit der zu rechnen, die aber auch
zu berechnen ist. Der Einfall verwandelt die Menge der Theaterbesucher besonders leicht in eine
Masse, die nun angegriffen, verführt, überlistet werden kann, sich Dinge anzuhören, die sie sich
20 sonst nicht so leicht anhören würde. Die Komödie ist eine Mausefalle, in die das Publikum
immer wieder gerät und immer noch geraten wird.[...]

Dabei ist zunächst der vorgegebene poetologische Text der b)-Aufgabe **genau zu lesen** und auf seine **zentralen Aussagen** hin zu erschließen, um diese dann auf den literarischen Text anwenden zu können:

- Funktion der Kunst ist die Produktion fassbarer Wahrheit (Z.1f.)

- Unterscheidung zwischen Tragödie als Rückgriff auf die reale Welt und der Komödie als künstlerisches Instrument zur Erschaffung einer neuen Realität angesichts einer sich in Auflösung befindlichen Welt (Z.2-5)

- Groteske als einer der Gegenwart besonders angemessene dramaturgische Form, bei der die Realität mittels Karikatur und Satire bis zur Paradoxie verzerrt wird (Z.5-9)

- Funktion der Komödie: Vermeidung von Verzweiflung und Gewinn von stärke zur Bewältigung der mit der fragilen Welt verknüpften Herausforderungen (Z.9-13)

- Voraussetzung zum mutigen Bestehen großer Probleme ist die bessere Wahrnehmung durch Distanzierung (Z.13-16)

- Chance der Komödie, das Publikum unaufdringlich zu erreichen und dadurch um Nachdenken und Handeln zu bewegen (Z.16-21).

- Leider gibt es für diese neue Teilaufgabe noch kein Muster. Grundsätzlich kann man aber die Technik der Argumentation anwenden, wie sie auch bei der Erörterung zum Einsatz kommt: These – Begründung – Beispiel (hier: Textbeleg) – Rückbezug.

Bei dieser poetologischen Aufgabe kommt es darauf an, die mit dem Material gegebenen Aussagen auf den gegebenen literarischen Text zu beziehen und dabei ggf. Gemeinsamkeiten, Unterschiede oder Spannungen festzustellen. Ggf. kann Wissen zu Gattungen, dramaturgischen oder erzählerischen Gestaltungsmitteln oder Literaturgeschichte hilfreich sein. Empfehlenswert ist in jedem Fall aber eine möglichst genaue (jeder Satz ist wichtig!) Wahrnehmung und Einbeziehung des Materials.

7.2   Materialgestütztes Informieren (Aufgabe IV)

Was heißt „Materialgestütztes Informieren"?

Es handelt sich um eine mehrteilige Aufgabenstellung, die die Abfassung eines informierenden Textes (z.B. Konzept eines Vortrags, Beitrag in einer Schülerzeitung, Lexikonartikel) zum Gegenstand hat; dabei müssen – je nach Thema - sowohl Kenntnisse über Literatur, Medien und Sprache als auch Informationen und Argumente aus den mit der Aufgabenstellung vorgelegten Materialien genutzt werden.

Welche Kenntnisse und Fähigkeiten werden für die materialgestützte Erstellung eines informierenden Textes vorausgesetzt?

Die Schülerinnen und Schüler können auf Kenntnisse und Fähigkeiten aufbauen, die sie schon in früheren Jahrgangsstufen im Zusammenhang mit der **Auswertung von Sachtexten** (z.B. Textzusammenfassung, Sachtextanalyse) und der **Erstellung informierender Texte** (z.B. Referate) erworben haben, z.B. bei der Abfassung von Berichten, Briefen, Präsentationen oder Referaten.

Zunächst geht es darum, **mehrere und verschiedenartige Materialien** auszuwerten. Dabei können sog. **kontinuierliche, lineare, pragmatische Sachtexte** vorkommen, aber auch sog. **diskontinuierliche, nichtlineare Texte**, z.B. Grafiken, Diagramme, Bilder. Bei der Auswertung musst du

- **alle Materialien** in Bezug auf das vorgegebene Thema differenziert, reflektiert und nach sachlogischen Zusammenhängen auswerten

- wesentliche **themenbezogene Informationen** erkennen

- den **Aufbau des Materials** erfassen

- aus der Zuordnung von Form, Inhalt und Sprache des Materials die **Kernaussage(n)** ermitteln

- **Argumentationsstruktur** und **mögliche Autorintentionen** erschließen

Bei der materialgestützten Abfassung eines informierenden Textes musst du die **Fähigkeit** zeigen, einen **Text zu erstellen**, der

Material-
gestütztes
Schreiben eines
informierenden
Textes

- **sachlogisch gegliedert** ist und einen **sinnvoll strukturierten Aufbau** erkennen lässt

- ein bestimmtes **Thema** differenziert entfaltet, z.B. Literatur der Romantik

- an passender Stelle die **Schlüsselbegriffe** der Themenstellung definiert

- in einem bestimmten situativen **Zusammenhang** steht, z.B. Eröffnung einer Ausstellung

- sich an eine bestimmte **Adressatengruppe** richtet, z.B. Schülerinnen und Schüler

- den Kriterien der vorgegebenen **Gattung** entspricht, z.B. Broschürenbeitrag, Lexikonartikel, Vortragstext

Für die überzeugende Gestaltung eines informierenden Textes kommt es darauf an,

- **Hintergrundwissen, ggf. eigene Erfahrungen** zu zeigen und vor allem die **Materialien an passender Stelle** zu integrieren

- themenbezogene Informationen mit **Beispielen** zu veranschaulichen

- weitgehend auf **subjektive Werturteile zu verzichten**

- ein angemessenes **Sprach- und Stilniveau** zu verwenden, z.B. adressatenorientiert, sachlich, situationsgerecht zu schreiben

- eine bestimmte **Absicht** erkennen zu lassen, z.B. Erklären, Informieren, Hintergrund beleuchten, Zusammenhänge darstellen

- den vorgegebenen **Umfang** einzuhalten

7.3 Textbezogenes Argumentieren mit journalistischer Variante Kommentar (Aufgabe V)

Das textbezogene Argumentieren erfolgt stets in Bezug auf einen **Sachtext** (nichtfiktionaler, nicht-poetischer, pragmatischer) Text, der sich auf ein bestimmtes Thema der Realität bezieht. Folgende Textsorten sind (ohne Anspruch auf Vollständigkeit!) als Grundlage für die Erörterung denkbar:

- Bericht
- Essay
- Glosse
- Kommentar
- Leserbrief

- Rede, Vortrag
- Rezension
- Texte aus der Netzliteratur (Blogs, Chats, Foren; soziale Netzwerke)
- wissenschaftliche Abhandlungen, z.B. Lehrbuchtexte; Lexikonartikel;

Dem textbezogenen Argumentieren dürfte ein (vorwiegend) argumentierender Text zugrunde liegen, aus dem sich eine diskussionswürdige Position des Verfassers ergibt.

Was heißt „Textbezogenes Argumentieren"?

Es handelt sich um eine zweiteilige Aufgabenstellung, die die Analyse der argumentativen Entwicklung der Position des Autors in einem vorgegebenen Text mit einem sich darauf beziehenden Erörterungsauftrag (mit journalistischer Variante „Kommentar") verknüpft:

Die Aufgabe der Textanalyse (Teilaufgabe a)) ist es, einen Sachtext zu aktuellen gesellschaftlichen, literatur- oder sprachtheoretischen oder ethisch-philosophischen Fragen hinsichtlich der **Argumentationsstruktur** und der **Position des Verfassers** zu untersuchen. Die Ergebnisse bilden die inhaltliche Grundlage für die in Aufgabe b) geforderte Erörterung bzw. den Kommentar, da erst durch die Analyse der Text richtig verstanden wird.

Der Erörterungsauftrag (mit journalistischer Variante) im Anschluss an eine Analyse verlangt eine persönliche Stellungnahme; meist soll nur **ein** Aspekt des vorgegebenen Textes untersucht werden. Der Schwerpunkt der Gesamtaufgabe liegt auf dem Erörtern (Teilaufgabe b).

Welche Fähigkeiten werden für das textbezogene Argumentieren vorausgesetzt?

Argumentations-
weisen

Zunächst muss **analysiert** werden, wie der Autor seine Position **argumentativ entwickelt** (Argumentationsstruktur) und so dessen **Standpunkt** geklärt werden. Hierzu bedarf es der Berücksichtigung folgender Gesichtspunkte:

- Darstellung des **kommunikativen Kontextes**: Autor; Adressat; Titel; Anlass; Zeit und Umstände; Publikationsort (Quelle), z.B. einer Rede

- Ermittlung des **gedanklichen Aufbaus** durch Bildung von **Sinnabschnitten**

- strukturierte Wiedergabe des **Inhalts der Sinnabschnitte** und deren **argumentativer Funktion** (rhetorische Strategien des Autors) im Text

- Herausarbeitung des **thematischen roten Fadens** im Text sowie der Position bzw. **Intention des Verfassers**

- Ermittlung der **Textsorte** mit ihren Merkmalen

Ein Verfasser kann folgende **rhetorische Strategien** verfolgen:

- **intentional**: informieren – argumentieren – appellieren

- **argumentativ**: eine These aufstellen - eine Begründung geben - ein Beispiel anführen

- **im Einzelnen**: z.B. abwägen; auffordern; angreifen; anklagen; argumentieren; ausführen behaupten; beklagen; bekräftigen; belehren; beschreiben; beurteilen; bewerten; darstellen; definieren; differenzieren; eingrenzen; einschränken; ein Beispiel geben; eine These formulieren; empfehlen; entfalten; entlarven; erklären; erläutern; erörtern; erwidern; fordern; hinführen; kritisieren; sich distanzieren; einräumen; loben; plädieren; plausibilisieren; postulieren; provozieren; relativieren; Schlussfolgerung ziehen; sich auseinandersetzen mit; sich distanzieren; Stellung nehmen; verallgemeinern; veranschaulichen; verdeutlichen; vergleichen; vertiefen; verteidigen; weiterführen; widerlegen; widersprechen; wiederholen; zurückweisen; zusammenfassen;

Die **Erörterung** als argumentierender Teil der Aufgabenstellung enthält folgende Teile:

- einleitende **Hinführung** zur Fragestellung: Formulierung und Begründung

- Überleitung zur **dialektischen Erörterung** im Hauptteil

- sinnvolle **dialektische Anordnung der Argumente**: PRO > CONTRA > SYNTHESE

- Entfaltung der **Argumentationseinheiten** (These + Begründung + Beispiel)

- zusammenfassendes Fazit im **Schluss**

Folgende **Typen von Argumenten** sollte man kennen:

- Fakten = Tatsachen

- Normen, z.B. rechtliche Bestimmungen

- Autoritätsargumente

- Analogieargumente

Für die journalistische Variante **Kommentar** ist eine Vertrautheit (v.a. aus praktischen Übungen!) mit den Merkmalen dieser Textsorte unerlässlich:

Kommentar schreiben

- **journalistische Textsorte**: subjektiv-wertende Stellungnahme zu einem aktuellen, gesellschaftlich relevanten Thema als unterstützender informativer Beitrag zur Meinungsbildung und Beeinflussung des Lesers

- **Aufbau**

  - prägnante, problematisierende **Einführung** in das umstrittene Thema
  - **Überleitung**: Darlegung unterschiedlicher Positionen

    – **Hauptteil**: Einordnung verschiedener Aspekte in Zusammenhänge; Darstellung von Hintergründen; prägnante Argumentation; Berücksichtigung von Gegenargumenten; Abwägung von Standpunkten; Begründung einer eigenen Position

    – **Schluss**: **Fazit**

- **Sprache und Stil**: weitgehend argumentativ und sachlich; pointierte Formulierung der Meinung; wohl dosierte ironische oder polemische Passagen; rhetorische Stilmittel; ansprechender Titel

8 Arbeitsschritte und Lösungshinweise zu jedem Aufgabenformat

8.1 Interpretation literarischer Texte (Aufgabe I, II, III)

Bei der Interpretation literarischer Texte sind unabhängig von der Gattung immer dieselben Arbeitsschritte erforderlich:

(1) Textbegegnung und Textarbeit

Lies den gegebenen Text aufmerksam und langsam durch und notiere dazu auf einem eigenen Blatt (z.B. Mind-Map, Cluster, Ideenstern) zu Motiv(en) und Thema deine eigenen **Eindrücke**, **Gedanken** (auch Vorwissen) und **Fragen**. Beziehe dabei auch den Titel sowie evtl. Zusatzinformationen zum Text ein.

Lies anschließend den Text mit Stift und markiere dabei im Text und am Rand **wichtige Beobachtungen** mit Symbolen (z.B. !, ?, →) und Abkürzungen (z.B. Th, Begr, Bsp). Zudem kannst du hier gleich Sinnabschnitte markieren (z.B. durch Vers- bzw. Zeilenangaben, Abtrennung von Sinnabschnitten mit Strichen).

(2) Klärung der Aufgabenstellung

Ermittle die **Schlüsselbegriffe** der zweiteiligen Aufgabenstellung und kläre die **Arbeitsanweisungen** (z.B. „Interpretieren", „vergleichend aufzeigen", „besonders darauf eingehen"). Mach dir die Schwerpunkte der Aufgabenstellung bewusst (meist Teilaufgabe a).

(3) Stoffsammlung und Stoffordnung (Konzeptpapier)

- Sammle Stichpunkte zu einem gattungsspezifischen **Textüberblick** (z.B. Sprechsituation bei Gedichten; situativer Kontext bei dramatischen und epischen Texten).

- Versuche, **unverständliche Textstellen** (z.B. mit Hilfe des Rechtschreibwörterbuchs) zu **klären**! Stelle zumindest Vermutungen dazu an.

- Erstelle eine geordnete Stoffsammlung zu den **Erschließungsbereichen**, die für die jeweilige Gattung einschlägig sind (vgl. Kap. 8.1.1-8.1.3). Stelle Beobachtungen zu **Inhalt**, **Sprache** und **Form** an, evtl. auch zur **Figuren-**, **Raum** und **Zeitgestaltung** sowie evtl. zu weiteren in der Aufgabenstellung genannten oder sich vom Text her anbietenden Bereichen (z.B. Gattung, literaturgeschichtliche Einordnung, Einbeziehung weiteren Materials).

- Formuliere eine **Deutungshypothese** und stichpunktartig Argumente (These, Begründung, Beispiel mit Beleg), die deine Hypothese stützen.

- Überlege dir (bei den Aufgaben II und III) ein passendes **literarisches Vergleichswerk**, das du gut kennst, und ermittle zugehörige Gemeinsamkeiten und Unterschiede in der Motivgestaltung (Teilaufgabe b)).

(4) Schreibplan (Konzeptpapier)

Erstelle aus deinen bisherigen Arbeitsergebnissen einen **Schreibplan** (Gliederung), in dem sich die Ober- und Unterpunkte deiner bisherigen Überlegungen in einer sinnvollen Anordnung wiederfinden, und formuliere einen Einleitungs- und Schlussgedanken.

(5) Fließtext (Schulaufgabenpapier)

- Übertrage die im Schreibplan genannten Aspekte in einen **Fließtext**. Achte dabei vor allem darauf, Thesen zu begründen, an Textbeispielen zu veranschaulichen sowie **Überleitungen** und **(Zwischen-)Ergebnisse** zu formulieren.

- Die **Einleitung** sollte zum Hauptteil logisch hinführen, also etwa die Untersuchungsbereiche begründen. Hier gibt es verschiedene **Möglichkeiten**:

  – Einordnung des Verfassers und des Textes in die literarische Welt (Biographie, Zeitumstände, Zugehörigkeit zu einer Epoche ...)

  – Hinweise zur Aufgabenstellung und erster Gesamteindruck

  – Angaben zur Vorgehensweise

  – Anknüpfen an bereits Bekanntes

- Achte im **Hauptteil** neben der folgerichtig angeordneten und vollständigen Darstellung der bisherigen Arbeitsergebnisse auf logische **Übergänge** zwischen den einzelnen Punkten; Ergebnisse formaler und sprachlich-stilistischer Untersuchungen sollten stets auf den Inhalt bezogen werden.

- Der **Schluss** sollte den Aufsatz sinnvoll abrunden und keinesfalls eine Wiederholung darstellen. Für einen überzeugenden Abschluss des Aufsatzes gibt es folgende Möglichkeiten:

  – eventuell persönliche Stellungnahme/Eindrücke

  – Hinweise auf Texte desselben oder eines anderen Autors, die formal, sprachlich, thematisch vergleichbar scheinen

  – Herausstellung der Aktualität der Thematik

  – Blick auf andere literarische Beispiele oder Materialien

  – alternative Deutungshypothese

- Die **sprachliche Gestaltung** ist ein wichtiger Bewertungsbereich, der sich in ein bis zwei Notenstufen niederschlagen kann. Hierzu gehört ein **sachlicher Stil**, eine passende Wortwahl, richtiger Satzbau und die Einhaltung von Regeln der **Orthographie** sowie **Interpunktion**.

- Die Anschaulichkeit einer Interpretation hängt von Zitaten und anderen Beispielen ab; die **Einhaltung der Zitierregeln** ist daher von großer Bedeutung für die Aufsatzbewertung:

- sachlich passende Einbindung des Zitats in die Argumentation, z.B. als Beleg für ein Beispiel in einem Argument

- grammatisch korrekte Verknüpfung des Zitats mit dem Ausgangstext und ggf. Markierung von Änderungen durch Klammern, z.B. *Wagner betont, er „(wisse) … viel, doch (wolle er) alles wissen"* (V. 601).

- korrekte Verwendung von Anführungs- und Satzzeichen

- Direkte Zitate werden wörtlich übernommen und exakt belegt, z.B. *Der Begriff „Abend" (V. 1) deutet bereits an,* …

- Indirekte Zitate (auch Paraphrasen) verweisen auf eine Textstelle und werden mit „vgl." ebenso genau belegt, z.B. *Der unvermittelte Beginn des Monologs (vgl. V. 1f.) bewirkt,* …

- Auslassungen einzelner Wörter in Zitaten werden durch „…" gekennzeichnet; werden ganze Sätze ausgespart, so werden diese mit „(…)" repräsentiert.

- Achte auf eine **saubere formale Darstellung**: neue Zeilen; Freizeilen/Absätze; Ergänzungen, Einfügungen und Korrekturen vermerke gesammelt auf einem gesonderten Blatt!

- Lasse dein **Wissen** (z.B. zur Epoche, zur Gattung, zum geschichtlichen Kontext) an geeigneter Stelle einfließen.

- Nimm dir zum Schluss unbedingt Zeit für eine inhaltliche, sprachliche und ggf. formale **Überarbeitung** deines Textes.

8.2 Lösungshinweise zu exemplarischen Aufgaben

8.2.1 „Interpretation lyrischer Texte"

Abiturprüfung 2017 / Aufgabe I - Aufgabenstellung

a) Interpretieren Sie das Gedicht *Winternacht* von Gottfried Keller (Text A). Überprüfen Sie dabei, inwiefern die in Text B form. Aussage für die Interpretation des Gedichts ergiebig ist.

b) Vergleichen Sie ausgehend von Ihren Ergebnissen die Gestaltung der Beziehung zwischen Mensch und Wasserwesen in den Gedichten *Winternacht* von Gottfried Keller und *Der Fischer* von Johann Wolfgang von Goethe (Text C)! Berücksichtigen Sie dabei sowohl inhaltliche als auch ausgewählte sprachliche Aspekte.

Der Schwerpunkt der Aufgabenstellung liegt auf Teilaufgabe a).

Text A: Gottfried Keller (1819-1890): *Winternacht.*
(Erstdruck 1851; Orthografie und Interpunktion entsprechend der Werkausgabe von 2009)

Nicht ein Flügelschlag ging durch die Welt,
Still und blendend lag der weiße Schnee.
Nicht ein Wölklein hing am Sternenzelt,
Keine Welle schlug im starren See.

5 Aus der Tiefe stieg der Seebaum auf,
Bis sein Wipfel in dem Eis gefror;
An den Aesten klomm die Nix herauf,
Schaute durch das grüne Eis empor.

Auf dem dünnen Glase stand ich da,
10   Das die schwarze Tiefe von mir schied;
      Dicht ich unter meinen Füßen sah
      Ihre weiße Schönheit Glied um Glied.

      Mit ersticktem Jammer tastet' sie
      An der harten Decke her und hin,
15   Ich vergeß' das dunkle Antlitz nie,
      immer, immer liegt es mir im Sinn!

Text B: Carl Gustav Carus (1789-1869), deutscher Arzt, Maler und Naturphilosoph
Psyche. Zur Entwicklungsgeschichte der Seele.
(Erstdruck 1846; Orthografie und Interpunktion entsprechend dieser Ausgabe)

Der Schlüssel zur Erkenntniß vom Wesen des bewußten Seelenlebens liegt in der Region
des Unbewußtseins. [...] Daß fortwährend der bei weitem größte Theil des Reiches
unseres Seelenlebens im Unbewußtsein ruht, kann der erste Blick in's innere Leben uns
lehren. [...] Späterhin [...] werden wir erkennen, daß man in dieser Beziehung das Leben
5   der Seele vergleichen dürfe mit einem unablässig fortkreisenden großen Strome, welcher
nur an einer einzigen kleinen Stelle vom Sonnenlicht – d. i. eben vom Bewußtsein –
erleuchtet ist. [...]

Text C: Johann Wolfgang von Goethe (1749-1832):
Der Fischer
(Entstehung 1779; Orthografie und Interpunktion gemäß der Hamburger Ausgabe, 141989)

Das Wasser rauscht', das Wasser schwoll,
Ein Fischer saß daran,
Sah nach dem Angel ruhevoll,
Kühl bis ans Herz hinan.
5   Und wie er sitzt, und wie er lauscht,
Teilt sich die Flut empor;
Aus dem bewegten Wasser rauscht
Ein feuchtes Weib hervor.

Sie sang zu ihm, sie sprach zu ihm:
10   „Was lockst du meine Brut
Mit Menschenwitz und Menschenlist
Hinauf in Todesglut?
Ach wüßtest du, wie's Fischlein ist
So wohlig auf dem Grund,
15   Du stiegst herunter, wie du bist,
Und würdest erst gesund.

Labt sich die liebe Sonne nicht,
Der Mond sich nicht im Meer?
Kehrt wellenatmend ihr Gesicht
20   Nicht doppelt schöner her?
Lockt dich der tiefe Himmel nicht,
Das feuchtverklärte Blau?
Lockt dich dein eigen Angesicht
Nicht her in ew'gen Tau?"
25   Das Wasser rauscht', das Wasser schwoll,
Netzt' ihm den nackten Fuß;
Sein Herz wuchs ihm so sehnsuchtsvoll,
Wie bei der Liebsten Gruß.
Sie sprach zu ihm, sie sang zu ihm;
30   Da war's um ihn geschehn:
Halb zog sie ihn, halb sank er hin,
Und ward nicht mehr gesehn.

Abiturprüfung 2017 / Aufgabe I - Lösungshinweise

Teilaufgabe a) = Schwerpunkt (ca. 60%)

1. Sprechsituation
   Darstellung der nächtlichen Begegnung des lyrischen Ichs mit einer Nixe mit nachhaltiger
   Erinnerung und emotionaler Wirkung; Erlebnislyrik

2. Inhaltlicher Aufbau:

V.1-4	Beschreibung einer klaren Winternacht
V.5-6	Wahrnehmung eines Seebaums aus der Tiefe bis zur Eisoberfläche
V.7-8	Aufwärtsbewegung einer Nixe am Baum mit Blick nach oben
V.9-12	Stand des lyrischen Ich auf dem Eis mit Blick nach unten und Wahrnehmung der Nixe direkt unter dem Eis

V.13-14   verzweifelter Versuch der Nixe, das gefrorene Eis zu durchbrechen

V.15-16   tiefer Eindruck dieses Erlebnisses auf das lyrische Ich; Unvergesslichkeit
dieser Erfahrung

3. Sprachlich-stilistische Gestaltung:

- Präteritum (V.1-14): emotionslose und sachliche Beschreibung der Szene und des Erlebnisses; Zeitsprung durch Präsens (V.15-16): tiefe, nachhaltige, emotionale Wirkung des Erlebnisses – Ausruf (V.16), Wiederholung (V.16); Veränderung der Darstellung von einem punktuellen Erlebnis in der Vergangenheit hin zu einer zeitlosen Erfahrung

- Parallelismus und Anapher (V.1-4): Hervorhebung von Ruhe und Leblosigkeit der winterlichen Atmosphäre; Wiederholung des Negationspartikels (V.1,3); Adjektive der Ruhe (V.2,4); Kontrast zu Bewegungsverben (V.1,4)

- Inversion (V.11-12): Spannung zwischen Nähe und Unterreichbarkeit

- Farbsemantik: Hell-Dunkel-Kontraste (V.2, 10, 12, 15): Betonung der unterschiedlichen Sphären, die durch die Eisdecke unüberwindbar getrennt werden.

4. Formale und metrische Gestaltung:

- Gattungsmerkmale eines Volksliedes: vier Strophen zu je vier Versen; fast regelmäßiger fünfhebiger Trochäus; Kreuzreim: Verwendung eines bekannten lyrischen Musters zur Kontrastierung der außergewöhnlichen Situation

- Ausnahmslos männliche Kadenzen und Dominanz des Zeilenstils: Verstärkung der unterschiedlichen Sphären von lyrischem Ich und Nixe

- Enjambements (V. 11-12; 13-14): Ausdruck potentieller Annäherung

5. Weitere Aspekte:

- **Topologie**: stete Ortsverlagerung: „Welt" (V.1) - „Wölklein" (V.3) - „See" (V.4) – „Tiefe" (V.5) – Bewegung nach oben (vgl. V.7-8) – fester Stand (vgl. V.9) – „schwarze Tiefe" (V.10) – „dicht ... unter meinen Füßen" (V.11) – „tastet ... her und hin" (V.14): Spannung von Bewegung und Starre; zunehmende Verengung der Perspektive von der Welt hin zur absoluten Enge

- **Figurengestaltung**: unbelebte Natur – personifizierte Pflanze (Seebaum) – fiktionales Wesen – lyrisches Ich – ungewisse Situation (zwischen Todessehnsucht und Verführung)

6. Deutung unter kritischer Berücksichtigung von Text B

- **Aussage von Text B**: Schlüsselbedeutung des Unbewussten für das vollständige Verständnis bewusster seelischer Prozesse; psychische Erscheinungen sind in der Mehrzahl unbewusster Natur und werden dem Menschen nur punktuell zugänglich

- **Anwendung** auf die Deutung des Gedichtes („inwiefern"):

  – nicht eindeutige Wahrnehmungen des lyrischen Ichs zeigen eine untrennbare Verbindung sinnlicher Eindrücke und potentieller Erlebnisse („blendend", V.2; „schwarze Tiefe", V.10; „dunkles Antlitz" V.15)

- mögliche subjektive Vorstellungen des lyrischen Ich als Entäußerungen des Unbewussten (radikaler Perspektivenwechsel zwischen Strophe 1 und 2; Fragwürdigkeit der sinnlichen Wahrnehmungen in Strophe 2; „dünnem Glase", V.9; „Glied um
  Glied", V.12 – Hyperbel; „ersticktem Jammer", V.13 – Antithese)
- Erfahrung der unerfüllten Sehnsucht: Begründung des Wunsches nach echter Begegnung in der Situation von Kälte und Leblosigkeit; Erinnerung, Mitleid, stete Prä-
  senz dieser tiefen, unerfüllten Sehnsucht
- Symbolische Topologie und temporale Struktur: Weite vs. Enge; Oben vs. Unten;
  punktuelle Erfahrung vs. Zeitlosigkeit; Andeutung der Unsicherheit eigener Wahrnehmungen

Teilaufgabe b) = Teilaspekt (40%)

Vergleich der Gestaltung der Beziehung zwischen Mensch und Wasserwesen in den Texten A und
C unter Berücksichtigung inhaltlicher und sprachlicher Aspekte.

Gemeinsamkeiten:

- **Thema**: Begegnung zwischen einem Menschen und einer Nixe im Wasser

- **Motiv**: Todessehnsucht; Anziehung des Menschen durch die Nixe und ihre ästhetische bzw.
  erotische Ausstrahlung

- **Wirklichkeitsdarstellung**: zunehmende Vermischung zwischen realer und mystischer Welt

Unterschiede:

- **Sprechsituation**: Darstellung einer Begegnung des lyrischen Ichs mit Erinnerungswert (Text
  A) vs. lyrische Gestaltung einer epischen Begebenheit & deren gravierender Folgen (Text B)

- **Ergebnis der Begegnung**: Unerreichbarkeit (Text A) vs. Auslöschung des Menschen durch
  die Nixe (Text B)

- **Darstellung der Nixe**: schönes Wesen mit dunklem Antlitz (Text a) vs. weibliche, verführerische Gestalt (Text B)

- **Handlungsweise der Nixe**: eingeschränkte Aktivität mit sehr begrenzter Wirksamkeit ohne
  gelungene Begegnung (Text A) vs. mächtige und sprachlich agierende Frau aus dem Wasser
  mit Lied und Rede über die Hälfte des Gedichts hinweg mit enormer Wirkung auf den Zuhörer
  (Text B)

- **Sprachliche Gestaltung**: kontrastreiche und spannungsgeladene, mythologisch gefärbte
  Grundsituation (Text A) vs. poetische, dynamische, anschauliche und personal greifbare Dar-
  stellung einer monologischen Gesprächssituation; Text B: rhetorische Mittel des Monologs
  (Fragen; Anaphern, Parallelismen; Parataxe); Gegensatz zwischen Ruhe in einer idyllischen
  Situation und bedrohlicher, plötzlicher Erscheinung eines Wasserwesens

8.2.2 „Interpretation dramatischer Texte"

Abiturprüfung 2015 / Aufgabe II - Aufgabenstellung

a) Erschließen und interpretieren Sie die vorliegende Szene! Arbeiten Sie dabei insbesondere heraus, wie der Papst vom Inquisitor dazu gebracht wird, in dessen Sinne zu entscheiden!

b) Zeigen Sie ausgehend von Ihren Ergebnissen vergleichend auf, wie das Machtgefälle zwischen zwei Figuren in einem anderen literarischen Werk gestaltet wird!

Der Schwerpunkt der Aufgabenstellung liegt auf Teilaufgabe a).

Vorbemerkung

Bertolt Brechts Schauspiel Leben des Galilei behandelt einen entscheidenden Abschnitt aus der Wissenschaftsgeschichte: Der in Florenz lebende Forscher Galileo Galilei (1564-1642) beweist mithilfe des kurz zuvor erfundenen Fernrohrs das heliozentrische Weltbild und stellt damit die kirchliche Lehrmeinung radikal infrage. Die Inquisition – eine kirchliche Behörde, die mit äußerster Härte und auch Folter gegen Abtrünnige vorging – will, dass Galilei seine Lehren widerruft und befiehlt ihm 1633 daher, zum Verhör nach Rom zu kommen. Vor diesem Hintergrund findet in einem Zimmer des päpstlichen Palastes das folgende Gespräch zwischen dem Inquisitor und Papst Urban VIII., der Naturwissenschaften und Kunst durchaus zugetan ist, statt. Es handelt sich um die zwölfte von insgesamt 15 Szenen.

Bertolt Brecht (1898-1956): *Leben des Galilei*
(Berliner Fassung von 1955/1956; Orthographie entsprechend der Werkausgabe von 1988)

12

DER PAPST

Gemach des Vatikans. Papst Urban VIII. (vormals Kardinal Barberini) hat den Kardinal Inquisitor empfangen. Während der Audienz wird er angekleidet. Von außen das Geschlurfe
5 *vieler Füße.*

DER PAPST *sehr laut:* Nein! Nein! Nein!
DER INQUISITOR So wollen Eure Heiligkeit Ihren sich nun versammelnden Doktoren aller
   Fakultäten, Vertreter aller Heiligen Orden und der gesamten Geistlichkeit, welche alle in
10   kindlichem Glauben an das Wort Gottes, niedergelegt in der Schrift, gekommen sind, Eurer
   Heiligkeit Bestätigung ihres Glaubens zu vernehmen, mitteilen, daß die Schrift nicht länger
   für wahr gelten könne?
DER PAPST Ich lasse nicht die Rechentafel[1] zerbrechen. Nein!
DER INQUISITOR Daß es die Rechentafel ist und nicht der Geist der Auflehnung und des
15   Zweifels, das sagen diese Leute. Aber es ist nicht die Rechentafel. Sondern eine
   entsetzliche Unruhe ist in die Welt gekommen. Es ist die Unruhe ihres eigenen Gehirns, die
   diese auf die unbewegliche Erde übertragen. Sie schreien: die Zahlen zwingen uns! Aber
   woher kommen ihre Zahlen? Jedermann weiß, daß sie vom Zweifel kommen. Diese
   Menschen zweifeln an allem. Sollen wir die menschliche Gesellschaft auf den Zweifel
20   begründen und nicht mehr auf den Glauben? „Du bist mein Herr, aber ich zweifle, ob das
   gut ist." „Das ist dein Haus und deine Frau, aber ich zweifle,ob sie nicht mein sein sollen."
   Andererseits findet Eurer Heiligkeit Liebe zur Kunst, der wir so schöne Sammlungen
   verdanken, schimpfliche Auslegungen wie die auf den Häuserwänden Roms zu lesende:
   „Was die Barbaren Rom gelassen haben, rauben ihm die Barberinis."
25   Und im Auslande? Es hat Gott gefallen, den Heiligen Stuhl schweren Prüfungen zu
   unterwerfen[2]. Eurer Heiligkeit spanische Politik wird von Menschen, denen die Einsicht

---

[1] Rechentafel: diente der Berechnung der Gestirnsbewegungen und damit als Hilfsmittel zur Navigation, hier stellvertretend für neue Erfindungen.
[2] Die Autorität des Papsttums hat durch die Folgen der Reformation, den Dreißigjährigen Krieg (1618-1648), Auseinandersetzungen mit dem Kaiser in Wien und eine spanienfreundliche Politik sehr gelitten.

mangelt, nicht verstanden, das Zerwürfnis mit dem Kaiser bedauert. Seit eineinhalb Jahrzehnten ist Deutschland eine Fleischbank[3], und man zerfleischt sich mit Bibelzitaten auf den Lippen. Und jetzt, wo unter der Pest, dem Krieg und der Reformation die

30   Christenheit[4] zu einigen Häuflein zusammenschmilzt, geht das Gerücht über Europa, daß Sie mit den lutherischen Schweden in geheimem Bündnis stehen, um den katholischen Kaiser zu schwächen.

Und da richten diese Würmer von Mathematikern ihre Rohre auf den Himmel und teilen der Welt mit, daß Eure Heiligkeit auch hier, in dem einzigen Raum, den man Ihnen noch

35   nicht bestreitet, schlecht beschlagen sind. Man könnte sich fragen: welch ein Interesse plötzlich an einer so abliegenden Wissenschaft wie der Astronomie! Ist es nicht gleichgültig, wie diese Kugeln[5] sich drehen? Aber niemand in ganz Italien, das bis auf die Pferdeknechte hinab durch das böse Beispiel dieses Florentiners von den Phasen der Venus schwatzt, denkt nicht zugleich an so vieles, was in den Schulen und an anderen

40   Orten für unumstößlich erklärt wird und so sehr lästig ist.

Was käme heraus, wenn diese alle, schwach im Fleisch und zu jedem Exzeß geneigt, nur noch an die eigene Vernunft glaubten, die dieser Wahnsinnige für die einzige Instanz erklärt! Sie möchten, erst einmal zweifelnd, ob die Sonne stillstand zu Gibeon[6], ihren schmutzigen Zweifel an den Kollekten üben! Seit sie über das Meer fahren – ich habe

45   nichts dagegen –, setzen sie ihr Vertrauen auf eine Messingkugel, die sie den Kompaß nennen, nicht mehr auf Gott. Dieser Galilei hat schon als junger Mensch über die Maschinen geschrieben. Mit den Maschinen wollen sie Wunder tun. Was für welche? Gott brauchen sie jedenfalls nicht mehr, aber was sollen es für Wunder sein? Zum Beispiel soll es nicht mehr Oben und Unten geben. Sie brauchen es nicht mehr. Der Aristoteles[7], der

50   für sie sonst ein toter Hund ist, hat gesagt – und das zitieren sie –: Wenn das Weberschifflein von selber webte und der Zitherschlägel von selber spielte, dann brauchten allerdings die Meister keine Gesellen und die Herren keine Knechte. Und so weit sind sie jetzt, denken sie.

Dieser schlechte Mensch weiß, was er tut, wenn er seine astronomischen Arbeiten statt in

55   Latein im Idiom der Fischweiber und Wollhändler verfaßt.
DER PAPST Das zeigt sehr schlechten Geschmack; das werde ich ihm sagen.
DER INQUISITOR Er verhetzt die einen und besticht die andern. Die oberitalienischen Seestädte fordern immer dringender für ihre Schiffe die Sternkarten des Herrn Galilei. Man wird ihnen nachgeben müssen, es sind materielle Interessen.

60   DER PAPST Aber diese Sternkarten beruhen auf ketzerischen Behauptungen. Es handelt sich gerade um die Bewegungen dieser gewissen Gestirne, die nicht stattfinden können, wenn man seine Lehre ablehnt. Man kann nicht die Lehre verdammen und die Sternkarten nehmen.
DER INQUISITOR Warum nicht? Man kann nichts anderes.

65   DER PAPST Dieses Geschlurfe macht mich nervös. Entschuldigen Sie, wenn ich immer horche.
DER INQUISITOR Es wird Ihnen vielleicht mehr sagen, als ich es kann, Eure Heiligkeit. Sollen diese alle von hier weggehen, den Zweifel im Herzen?
DER PAPST Schließlich ist der Mann der größte Physiker dieser Zeit, das Licht Italiens, und nicht irgendein Wirrkopf. Er hat Freunde. Da ist Versailles. Da ist der Wiener Hof. Sie

70   werden die Heilige Kirche eine Senkgrube[8] verfaulter Vorurteile nennen. Hand weg von ihm!
DER INQUISITOR Man wird praktisch bei ihm nicht weit gehen müssen. Er ist ein Mann des Fleisches. Er würde sofort nachgeben.
DER PAPST Er kennt mehr Genüsse als irgendein Mann, den ich getroffen habe. Er denkt aus

75   Sinnlichkeit. Zu einem alten Wein oder einem neuen Gedanken könnte er nicht nein sagen. Und ich will keine Verurteilung physikalischer Fakten, keine Schlachtrufe wie „Hie Kirche! und Hie Vernunft!" Ich habe ihm sein Buch erlaubt, wenn es am Schluß die Meinung wiedergäbe, daß das letzte Wort nicht die Wissenschaft, sondern der Glaube hat. Er hat sich daran gehalten.

---

[3]Fleischbank: Schlachtbank

[4]Christenheit: Gemeint sind hier die katholischen Christen.

[5]diese Kugeln: die Planeten bzw. die Sonne

[6]Gibeon: In der Bibel wird der Stillstand der Sonne und des Mondes am Ort Gibeon als ein göttliches Wunder beschrieben.

[7]Aristoteles: altgriechischer Philosoph (384-322 v. Chr.), auf dessen Lehre die Kirche ihr geozentrisches Weltbild u. a. stützte

[8]Senkgrube: Grube gefüllt mit Abfällen und Fäkalien

80 DER INQUISITOR Aber wie? In seinem Buch streiten ein dummer Mensch, der natürlich die
Ansichten des Aristoteles vertritt, und ein kluger Mensch, der ebenso natürlich die des
Herrn Galilei vertritt, und die Schlußbemerkung,Eure Heiligkeit, spricht wer?
DER PAPST Was ist das jetzt wieder? Wer äußert also unsere?
DER INQUISITOR Nicht der Kluge.
85 DER PAPST Das ist allerdings eine Unverschämtheit. Dieses Getrampel in den Korridoren ist
unerträglich. Kommt denn die ganze Welt?
DER INQUISITOR Nicht die ganze, aber ihr bester Teil.
Pause. Der Papst ist jetzt in vollem Ornat[9].
DER PAPST Das Alleräußerste ist, daß man ihm die Instrumente zeigt[10].
90 DER INQUISITOR Das wird genügen, Eure Heiligkeit. Herr Galilei versteht sich auf
Instrumente.

Abiturprüfung 2015 / Aufgabe II - Lösungshinweise

Teilaufgabe a) = Schwerpunkt

1. Überblick:
Situation: Dialog zwischen dem Papst und dem Inquisitor im Jahr 1633 im Rahmen eines
Empfangs im Vatikan über den Umgang mit dem Forscher Galileo Galilei, dessen naturwis-
senschaftliche Erkenntnisse eine vermeintliche Gefahr für den Glauben darstellen; Anklei-
dung des Papstes während der Audienz; „Geschlurfe vieler Füße" (Z.4f.) vor den Türen; **Thema**: Verbindung von Machtinteressen und absolutistischem Wahrheitsanspruch im Glauben
vor dem Hintergrund neuer empirischer Erkenntnisse; **Gattung**: episches Theater

2. Inhaltlicher Aufbau:

Z.3-5	**Situation**: Wohnraum des Papstes, der sich während des Gesprächs sei-nen Ornat anlegen lässt; der Dialog wird begleitet von zunehmend lautem Geschlurfe, das den Papst irritiert, ebenso wie die Argumentation des In-quisitors
Z.6-13a	**Eröffnung der Kontroverse** zwischen Papst und Inquisitor: radikale Ab-lehnung eines Verbots naturwissenschaftlicher Erkenntnisse vs. Polemik des Inquisitors gegen diese Position des Papstes, die die Gefahr des Glaubensverlustes und somit einen Autoritätsverlust der Kirche mit sich bringe
Z.13b-55	**Argumentation des Inquisitors** gegen Galileis neue Lehre aufgrund der Empirie als Ausgangspunkt einer grundsätzlichen Skepsis gegenüber ethischen und religiösen Normen; Beispiele für eine schon schwinden-de päpstliche Autorität; Respektlosigkeit fragwürdiger und sinnloser For-scherinteressen, die den Glauben, auch bei den einfachsten Schichten durch Vernunft und eine triviale Popularisierung der Wissenschaft erset-zen wollen

---

[9]Ornat: feierliche Amtstracht (vgl. illustrierendes Szenenbild)
[10]dass man ihm die Instrumente zeigt: Das Zeigen der Folterinstrumente galt als Vorstufe eines mit Folter verbundenen Inquisitionsprozesses.

Z.56-79   **Weiterführung des Streits zwischen Papst und Inquisitor: Papst:** Der
             Inquisitor befürworte schon notgedrungen die praktische Nutzung von Er-
             kenntnissen Galileis (Sternkarte); Hinweise auf die Bedeutung Galileis,
             auf seine international einflussreichen Freunde, auch darauf, dass die Kir-
             che nicht als Gegenpol der Vernunft gelten dürfe und dass Galilei sich in
             seinem Buch an die päpstlichen Bedingungen (Anerkennung der kirch-
             lichen Autorität) gehalten habe // **Inquisitor:** Bedeutung einer Diszipli-
             nierung Galileis; pragmatischer Gebrauch von Sternkarten; Zurückwei-
             sung der päpstlichen Kompromisslösung; Vorschlag, Galilei durch sanften
             Druck zu überzeugen

Z.80-91   **Erfolg des Inquisitors im Dialog:** Galilei habe die Kirche dennoch als
             Vertreterin der Dummheit dargestellt und er sei körperlich sehr empfind-
             sam. Der Papst schließt daraufhin die Möglichkeit der Drohung durch Fol-
             ter nicht aus.

3. Rhetorische Strategien, dramaturgische und sprachlich-stilistische Gestaltung:

- **Entwicklung des Gesprächs**: Trotz hierarchischer Unterordnung des Inquisitors unter
  den Papst dominiert er das Gespräch und setzt sich im Verlauf immer mehr durch,
  sodass der Papst nur noch reagieren und in seiner Rolle aufgehen kann.

- **Inquisitor**:
  – Scheinbar religiös motivierter Appell an den Papst, seiner Verantwortung gerecht
    zu werden und den Status quo zu sichern: rhetorische Fragen; Schlüsselbegriffe
    „Unruhe", „Zweifel" in Antithese zu „Glaube" und „Wunder"; Wiederholungen
  – machtpolitisches Kalkül: Warnung vor Niedergang der Kirche und Einflussverlust
    ihrer Repräsentanten durch Verwendung von Bildersprache; Polemik; Antithesen;
    Pauschalierungen; manipulativer Verweis auf Autoritäten; Zitate
  – Verschleierung: keine Benennung der Foltermaßnahmen; ironische Verwendung
    des Begriffs „Instrumente"
  – Indirekte Drohungen: Andeutung einer Infragestellung der Autorität des Papstes;
    manipulative Fragen; Zitat; Umschreibungen

- **Papst**:
  – Berufung auf päpstlichen Primat; Ablehnung der wissenschaftsfeindlichen Positio-
    nen der vom Inquisitor vorgeschlagenen Maßnahmen; Ausrufe; Wiederholungen;
    Ellipsen
  – scheiternde Selbstbehauptung: einfache, direkte Kommunikation: Parataxen; Ana-
    pher und Parallelismus; Antithesen
  – Einfügung in die traditionelle Funktion des Papstes als Amtsautorität: teilweisee-
    motionale Sprache; auch umgangssprachliche Phrasen; Fragen; Requisite „Ornat"

4. Interpretation:

- Keine vorbehaltlose Suche nach Wahrheit wegen des Primats eines **traditionellen
  Machterhalts**

- Einsatz **rhetorischer Strategien** zur Umkehr formaler Divergenz zwischen **äußerlicher Autorität und realer Durchsetzungsfähigkeit**

- **Wirklichkeitssicht**: Dominanz machtpolitischer und materieller Interessen gegenüber Idealen, Werten und Zielen; Darstellung dieses Phänomens am Beispiel der Institution Kirche

- Einbeziehung von Brechts **epischem Theater**: Verfremdungseffekt als Basis zur Belehrung

Teilaufgabe b) = Teilaspekt

Vergleich der Gestaltung des Machtgefälles zweier Figuren in einem anderen literarischen Werk

Vorschlag: Friedrich Schiller: *Maria Stuart*

- **Art des Machtgefälles** und damit verbundener **Konflikt**: Maria Stuart, Königin von Schottland, wegen Beihilfe zum Mord im Exil in England mit Anspruch auf die Krone der englischen Königin Elisabeth, die Maria gefangen genommen hat; Auftrag Elisabeths, Maria zu ermorden. Hingegen werden während des Dialogs zwischen Papst und Inquisitor die formalen Machtverhältnisse umgekehrt, da sich der Kardinal gegenüber dem Heiligen Vater mit rhetorischen Mitteln von einem harten Vorgehen gegenüber Galilei durchsetzt.

- **Ursachen des Machtgefälles**: Maria und Elisabeth: verschiedene Lebenssituationen; Machtinteressen; Offenbarung unterschiedlicher Persönlichkeiten und Wertvorstellungen beim Zusammentreffen der beiden Königinnen; dagegen ist der Papst zwar aufgrund seines Amtes dem Inquisitor formal übergeordnet, der sich aber im Gespräch argumentativ als überlegen erweist und dem Papst so eine Entscheidung aufzwingen kann

- **Reaktion der beiden Figuren auf das Machtgefälle**: Maria: authentischer Umgang mit ihrer Schuld, machtpolitische Unfähigkeit, Leidenschaft im Dialog, Hoffnung auf Rettung; Elisabeth: Unentschlossenheit, Schwachheit, Realpolitikerin, Heuchelei und Eitelkeit; Schwäche des Papstes im Umgang mit dem Inquisitor, der seine Funktion als Ratgeber des Papstes ausnutzt, um die Macht der Institution Kirche zu sichern

- **Dynamik der Machtverhältnisse**: unterschiedliche Stadien in der Beziehung zwischen Maria und Elisabeth: Gefangenschaft Marias und Kontaktlosigkeit – Begegnung – Eskalation und Einsamkeit Elisabeths; der Papst ist von Anfang an in der Defensive, aus der er sich auch im Gespräch nicht befreien kann, und in der er schließlich dem Inquisitor nachgibt

- **Ergebnis der vergleichenden Darstellung des Machtgefälles**: Unterschied: taktischer Sieg des Inquisitors über den Papst, der sich aber im Laufe der neuzeitlichen Entwicklung als Scheinsieg herausstellt; formaler Sieg Elisabeths über Maria; zugleich: Einsamkeit, Feigheit und Verantwortungslosigkeit der englischen Königin; Gemeinsamkeit: Macht (-politik) und Moral sind nicht vereinbar; Gewissen und Rationalität unterliegen der strategischen Stärke

8.2.3 „Interpretation epischer Texte"

Abiturprüfung 2018 / Aufgabe III - Aufgabenstellung

a) Interpretieren Sie den Auszug aus Johann Wolfgang von Goethes Roman Wilhelm Meisters Lehrjahre! Arbeiten Sie dabei insbesondere heraus, wie Wilhelm als Protagonist – auch im Kontrast zu Philine und der Baronesse – dargestellt wird!

b) Zeigen Sie ausgehend von Ihren Ergebnissen vergleichend auf, wie in einem anderen literarischen Werk der Protagonist bzw. die Protagonistin mit einer Situation der Überforderung umgeht!

Der Schwerpunkt der Aufgabenstellung liegt auf Teilaufgabe a).

Vorbemerkung

Goethes Bildungsroman Wilhelm Meisters Lehrjahre umfasst acht Bücher, in denen episodenhaft die Entwicklung und der Reifeprozess des Titelhelden hin zu einer autonomen Persönlichkeit dargestellt werden. Beim folgenden Auszug handelt es sich um das zehnte Kapitel im dritten Buch. Wilhelm ist der Sohn eines reichen bürgerlichen Kaufmanns und zeigt bereits als Kind eine Vorliebe für das Theater und das Theaterspielen. Als junger Erwachsener wird er von seinem Vater auf eine längere Geschäftsreise geschickt, auf der er aber eine Gruppe von Schauspielern trifft, denen er sich anschließt. Philine, eine der Schauspielerinnen, hat ein erotisch gefärbtes Verhältnis zu Wilhelm, bis dieser sich, von ihrer leichtfertigen, sprunghaften Art gekränkt, von ihr abwendet und sie meidet. Durch einen glücklichen Zufall erhält die Schauspieltruppe ein mehrere Wochen dauerndes Engagement auf dem Schloss eines Grafen. Philine erwirbt sich das Vertrauen der Gräfin und wird ein Teil ihres engeren Umfelds, dem auch die Baronesse als gute Freundin der Gräfin angehört.

Johann Wolfgang von Goethe (1749-1832): *Wilhelm Meisters Lehrjahre* (1795/1796)
(Orthografie und Zeichensetzung gemäß der Hamburger Ausgabe, 13. Aufl. 1994)[11]
    ZEHNTES KAPITEL
    Philine wußte sich nun täglich besser bei den Damen einzuschmeicheln. Wenn sie zusammen
5   allein waren, leitete sie meistenteils das Gespräch auf die Männer, welche kamen und
    gingen, und Wilhelm war nicht der letzte, mit dem man sich beschäftigte. Dem klugen
    Mädchen blieb es nicht verborgen, daß er einen tiefen Eindruck auf das Herz der Gräfin
    gemacht habe; sie erzählte daher von ihm, was sie wußte und nicht wußte; hütete sich aber,
    irgend etwas vorzubringen, das man zu seinem Nachteil hätte deuten können, und rühmte
10   dagegen seinen Edelmut, seine Freigebigkeit und besonders seine Sittsamkeit im Betragen
    gegen das weibliche Geschlecht. Alle übrigen Fragen, die an sie geschahen, beantwortete sie
    mit Klugheit[12], und als die Baronesse die zunehmende Neigung ihrer schönen Freundin
    bemerkte, war auch ihr diese Entdeckung sehr willkommen. Denn ihre Verhältnisse zu
    mehreren Männern, besonders in diesen letzten Tagen zu Jarno, blieben der Gräfin nicht
15   verborgen, deren reine Seele einen solchen Leichtsinn nicht ohne Mißbilligung und ohne
    sanften Tadel bemerken konnte.
    Auf diese Weise hatte die Baronesse sowohl als Philine jede ein besonderes Interesse,
    unsern Freund der Gräfin näher zu bringen, und Philine hoffte noch überdies bei Gelegenheit
    wieder für sich zu arbeiten und die verlorne Gunst des jungen Mannes sich womöglich
20   wieder zu erwerben.
    Eines Tags, als der Graf mit der übrigen Gesellschaft auf die Jagd geritten war und man die
    Herren erst den andern Morgen zurückerwartete, ersann sich die Baronesse einen Scherz,
    der völlig in ihrer Art war; denn sie liebte die Verkleidungen und kam, um die Gesellschaft zu
    überraschen, bald als Bauern-mädchen, bald als Page, bald als Jägerbursche zum Vorschein.

---

[11] ders., Werke, Hamburger Ausgabe, hrsg. von Erich Trunz, Bd. 7: Romane und Novellen II, 13., durchgesehene Auflage, München 1994, S. 187-191
[12] ihrer schönen Freundin: Gemeint ist die Gräfin.

25 Sie gab sich dadurch das Ansehn einer kleinen Fee, die überall, und gerade da, wo man sie
    am wenigsten vermutet, gegenwärtig ist. Nichts glich ihrer Freude, wenn sie unerkannt eine
    Zeitlang die Gesellschaft bedient oder sonst unter ihr gewandelt hatte, und sie sich zuletzt
    auf eine scherzhafte Weise zu entdecken[13] wußte.
    Gegen Abend ließ sie Wilhelmen auf ihr Zimmer fordern, und da sie eben noch etwas zu tun
30 hatte, sollte Philine ihn vorbereiten.
    Er kam und fand nicht ohne Verwunderung statt der gnädigen Frauen[14] das leichtfertige
    Mädchen im Zimmer. Sie begegnete ihm mit einer gewissen anständigen Freimütigkeit[15], in
    der sie sich bisher geübt hatte, und nötigte ihn dadurch gleichfalls zur Höflichkeit.
    Zuerst scherzte sie im allgemeinen über das gute Glück, das ihn verfolge, und ihn auch, wie
35 sie wohl merke, gegenwärtig hierhergebracht habe; sodann warf sie ihm auf eine
    angenehme Art sein Betragen vor, womit er sie bisher gequält habe, schalt und beschuldigte
    sich selbst, gestand, daß sie sonst wohl so seine Begegnung verdient, machte eine so
    aufrichtige Beschreibung ihres Zustandes, den sie den vorigen nannte, und setzte hinzu, daß
    sie sich selbst verachten müsse, wenn sie nicht fähig wäre, sich zu ändern und sich seiner
40 Freundschaft wert zu machen.
    Wilhelm war über diese Rede betroffen. Er hatte zu wenig Kenntnis der Welt, um zu wissen,
    daß eben ganz leichtsinnige und der Besserung unfähige Menschen sich oft am lebhaftesten
    anklagen, ihre Fehler mit großer Freimütigkeit bekennen und bereuen, ob sie gleich nicht die
    mindeste Kraft in sich haben, von dem Wege zurückzutreten, auf den eine übermächtige
45 Natur sie hinreißt. Er konnte daher nicht unfreundlich gegen die zierliche Sünderin bleiben;
    er ließ sich mit ihr in ein Gespräch ein und vernahm von ihr den Vorschlag zu einer
    sonderbaren Verkleidung, womit man die schöne Gräfin zu überraschen gedachte.
    Er fand dabei einiges Bedenken, das er Philinen nicht verhehlte; allein die Baronesse, welche
    in dem Augenblick hereintrat, ließ ihm keine Zeit zu Zweifeln übrig, sie zog ihn vielmehr mit
50 sich fort, indem sie versicherte, es sei eben die rechte Stunde.
    Es war dunkel geworden, und sie führte ihn in die Garderobe des Grafen, ließ ihn seinen
    Rock ausziehen und in den seidnen Schlafrock des Grafen hineinschlüpfen, setzte ihm darauf
    die Mütze mit dem roten Bande auf, führte ihn ins Kabinett[16] und hieß ihn sich in den großen
    Sessel setzen und ein Buch nehmen, zü ndete die Argantische Lampe[17] selbst an, die vor ihm
55 stand, und unterrichtete ihn, was er zu tun, und was er für eine Rolle zu spielen habe.
    Man werde, sagte sie, der Gräfin die unvermutete Ankunft ihres Gemahls und seine üble
    Laune ankündigen; sie werde kommen, einigemal im Zimmer auf und ab gehn, sich alsdann
    auf die Lehne des Sessels setzen, ihren Arm auf seine Schultern legen und einige Worte
    sprechen. Er solle seine Ehemannsrolle so lange und so gut als möglich spielen; wenn er sich
60 aber endlich entdecken müßte, so solle er hübsch artig und galant sein.
    Wilhelm saß nun unruhig genug in dieser wunderlichen Maske; der Vorschlag hatte ihn
    überrascht, und die Ausführung eilte der Überlegung zuvor. Schon war die Baronesse wieder
    zum Zimmer hinaus, als er erst bemerkte, wie gefährlich der Posten war, den er
    eingenommen hatte. Er leugnete sich nicht, daß die Schönheit, die Jugend, die Anmut der
65 Gräfin einigen Eindruck auf ihn gemacht hatten; allein da er seiner Natur nach von aller
    leeren Galanterie[18] weit entfernt war, und ihm seine Grundsätze einen Gedanken an
    ernsthaftere Unternehmungen nicht erlaubten, so war er wirklich in diesem Augenblick in
    nicht geringer Verlegenheit. Die Furcht, der Gräfin zu mißfallen, oder ihr mehr als billig[19] zu
    gefallen, war gleich groß bei ihm.
70 Jeder weibliche Reiz, der jemals auf ihn gewirkt hatte, zeigte sich wieder vor seiner
    Einbildungskraft. Mariane[20] erschien ihm im weißen Morgenkleide und flehte um sein
    Andenken. Philinens Liebenswürdigkeit, ihre schönen Haare und ihr einschmeichelndes
    Betragen waren durch ihre neueste Gegenwart wieder wirksam geworden; doch alles trat
    wie hinter den Flor[21] der Entfernung zurück, wenn er sich die edle, blühende Gräfin dachte,
75 deren Arm er in wenig Minuten an seinem Halse fühlen sollte, deren unschuldige
    Liebkosungen er zu erwidern aufgefordert war.

---

[13] sich entdecken: sich zu erkennen geben
[14] gnädige Frau: gängige Anredeformel für adelige Damen
[15] Freimütigkeit: Ehrlichkeit, Offenheit
[16] Kabinett: kleines privates Zimmer
[17] Argantische Lampe: damals moderne Öllampe
[18] leere Galanterie: nur vordergründige, gekünstelte Höflichkeit gegenüber Frauen
[19] mehr als billig: mehr als gesellschaftlich angemessen
[20] Mariane: Wilhelms erste große Liebe, Schauspielerin am Theater seiner Heimatstadt
[21] Flor: Schleier, Nebel

Die sonderbare Art, wie er aus dieser Verlegenheit sollte gezogen werden, ahnete er freilich
nicht. Denn wie groß war sein Erstaunen, ja sein Schrecken, als hinter ihm die Türe sich
auftat und er bei dem ersten verstohlenen Blick in den Spiegel den Grafen ganz deutlich
80   erblickte, der mit einem Lichte in der Hand hereintrat. Sein Zweifel, was er zu tun habe, ob
er sitzen bleiben oder aufstehen, fliehen, bekennen, leugnen oder um Vergebung bitten
solle, dauerte nur einige Augenblicke. Der Graf, der unbeweglich in der Türe
stehengeblieben war, trat zurück und machte sie sachte zu. In dem Moment sprang die
Baronesse zur Seitentüre herein, löschte die Lampe aus, riß Wilhelmen vom Stuhle und zog
85   ihn nach sich in das Kabinett. Geschwind warf er den Schlafrock ab, der sogleich wieder
seinen gewöhnlichen Platz erhielt. Die Baronesse nahm Wilhelms Rock über den Arm und
eilte mit ihm durch einige Stuben, Gänge und Verschläge in ihr Zimmer, wo Wilhelm,
nachdem sie sich erholt hatte, von ihr vernahm, sie sei zu der Gräfin gekommen, um ihr die
erdichtete Nachricht von der Ankunft des Grafen zu bringen. „Ich weiß es schon", sagte die
90   Gräfin, „was mag wohl begegnet sein? Ich habe ihn soeben zum Seitentor hereinreiten 100
sehen." Erschrocken sei die Baronesse sogleich auf des Grafen Zimmer gelaufen, um ihn
abzuholen.
„Unglücklicherweise sind Sie zu spät gekommen!" rief Wilhelm aus; „der Graf war vorhin im
Zimmer und hat mich sitzen sehen."
95   „Hat er Sie erkannt?"
„Ich weiß es nicht. Er sah mich im Spiegel, so wie ich ihn, und eh' ich wußte, ob es ein
Gespenst oder er selbst war, trat er schon wieder zurück und drückte die Türe hinter sich
zu."
Die Verlegenheit der Baronesse vermehrte sich, als ein Bedienter sie zu rufen kam und
100   anzeigte, der Graf befinde sich bei seiner Gemahlin. Mit schwerem Herzen ging sie hin und
fand den Grafen zwar still und in sich gekehrt, aber in seinen Äußerungen milder und
freundlicher als gewöhnlich. Sie wußte nicht, was sie denken sollte. Man sprach von den
Vorfällen der Jagd und den Ursachen seiner früheren Zurückkunft. Das Gespräch ging bald
aus. Der Graf ward stille, und besonders mußte der Baronesse auffallen, als er nach
105   Wilhelmen fragte und den Wunsch äußerte, man möchte ihn rufen lassen, damit er etwas
vorlese.
Wilhelm, der sich im Zimmer der Baronesse wieder angekleidet und einiger-maßen erholt
hatte, kam nicht ohne Sorgen auf den Befehl herbei. Der Graf gab ihm ein Buch, aus
welchem er eine abenteuerliche Novelle nicht ohne Beklemmung vorlas. Sein Ton hatte
110   etwas Unsicheres, Zitterndes, das glücklicherweise dem Inhalt der Geschichte gemäß war.
Der Graf gab einigemal freundliche Zeichen des Beifalls und lobte den besondern Ausdruck
der Vorlesung, da er zuletzt unsern Freund entließ.

Abiturprüfung 2018 / Aufgabe III - Lösungshinweise

Teilaufgabe a) = Schwerpunkt

1. Überblick:
   Zehntes Kapitel im Dritten Buch des Bildungsromans „Wilhelm Meisters Lehrjahre" (1795/96)
   von Johann Wolfgang von Goethe; Darstellung einer Szene, in der der naive Protagonist Wilhelm - fremdbestimmt von strategisch handelnden Damen des Adels - sich zwischen seiner
   ihm eigenen Pflicht zu anständigem Verhalten und seiner natürlichen Neigung, sich auf ein
   Verkleidungsspiel einzulassen, gestellt sieht; Repräsentation der klassischen Thematik der
   „schönen Seele", die sich im Kontext von Anfechtungen und Manipulation bewähren muss

2. Inhaltlicher Aufbau:

Z.4-20   Darstellung der drei Frauen Philine, Baronesse und Gräfin und ihrer spezifischen Beziehung zu Wilhelm
- **Philine**: positive Darstellung von Wilhelms Charakter („Edelmut" [Z.10], „Freigebigkeit" [Z.10], „Sittsamkeit" [Z.10]) mit der Absicht, ihr früher engeres Verhältnis zu Wilhelm zu erneuern
- **Baronesse versucht** sich Wilhelm bewusst zuzuwenden und dadurch ihre eigenen Männergeschichten gegenüber der Gräfin als ihrer Freundin zu verdrängen, um sich bei ihr in ein besseres Licht zu stellen
- **Gräfin**: Im Freundschaftsvertrauensverhältnis mit Wilhelm kommen stärkere Gefühle auf und dadurch entsteht Spannung zur „reine(n) Seele" (Z.15)

Z.21-47   Begegnung Wilhelms mit Philine, die ihm den Vorschlag unterbreitet, die Gräfin durch eine Maskerade zu überraschen
- Vorliebe der Baronesse für Verkleidungen in der Gesellschaft, um sich schließlich zu erkennen zu geben; Einladung an Wilhelms, der aber Philine vorfindet;
- Klage Philines, über das distanzierte Verhalten Wilhelms ihr gegenüber und Einsicht, dass sie daran Schuld hat; Absicht Philines, ihr Verhalten gegenüber Wilhelm zu bessern und ihm dadurch wieder näher zu sein
- Wilhelms Nachdenken über Philines Worte und Bereitschaft zum Gespräch, in dem er ihren Vorschlag annimmt, die Gräfin durch Verkleidung zu überraschen

Z.48-60   Verkleidung Wilhelms und Vorbereitung auf seine Rolle als schlechtgelaunter Graf, der von seiner Ehefrau entdeckt wird, durch die Baronesse
- Überredung Wilhelms, der Bedenken gegen diese Maskerade in sich trägt, durch die Baronesse; Verkleidung und Einweisung in seine Rolle ohne Widerstand
- Beschreibung der zu erwartenden Szene bei der Ankunft des Grafen im Kabinett
- Hinweise der Baronesse zur Rolle Wilhelms als vermeintlicher Ehemann der Gräfin bis hin zur charmanten Selbstoffenbarung

Z.61-76   Befürchtungen Wilhelms, die Gräfin könne auf die arrangierte vertrauliche Situation entweder verletzt oder aber allzu zustimmend reagieren
- Unruhe aufgrund seiner ehrlichen Zuneigung zur Gräfin, die für ihn als Partnerin nicht in Frage kommt, aber auch keine Kränkung verdient
- Erinnerung an frühere Liebesbeziehungen, nach denen er sich nun der Gräfin besonders nahe fühlt

Z.77-98   Überraschende Ankunft des Grafen

- Dessen Eintreten in das Zimmer, in dem der verkleidete Wilhelm sitzt; sofortiger Rückzug

- Erscheinen der Baronesse, welche Wilhelm in ihr Zimmer holt, von der Maskerade befreit und ihm von einem Gespräch mit der Gräfin erzählt, die schon von der Ankunft des Gatten gewusst hat

- Bericht Wilhelms vom unerwarteten Auftauchen des Grafen

Z.99-112   Offene Situation: Unsicherheit der Baronesse angesichts der Unsicherheit, ob der Graf Wilhelm erkannt hat

- Begegnung der Baronesse mit der Gräfin und dem Grafen, der auffällig „still und in sich gekehrt" (Z.101) wirkt, dabei „milder und freundlicher als gewöhnlich" (Z.102), und von der Jagd und seiner verfrühten Heimkehr spricht und dann Wilhelm zum Vorlesen rufen lässt

- Wilhelms „unsicher(er)ünd „zitternd(er)" Vortrag (Z.110) einer „abenteuer-liche(n) Novelle" (Z.109); freundlicher Beifall des Grafen und Entlassung Wilhelms

3. Erzähltechnische und sprachlich-stilistische Gestaltung

- **Erzählverhalten und Darbietungsformen**: meist auktorial durch epische Berichte (z.B. Z.6-23), szenische Darstellungen (z.B. Z.83-89), direkte Reden (z.B. Z.89-98), Kommentare (z.B. Z.26-28); stellenweise Anklänge an personales Erzählverhalten bei Wiedergabe von Gedanken und Gefühlen des Protagonisten (z.B. Z.41-45; Z.78-82); **Funktion**: sachlich-neutrale und wahrheitsgetreue Darstellung der Geschehnisse und Figurengestaltungen

- **Erzählhaltung**: distanzierte Wiedergabe von Vorgängen, Geschehnissen, Charakteri-sierungen (z.B. Z.99-106); allwissend aus einer übergeordneten Perspektive, z.B. bei Charakterbildern (z.B. Z.8-16); **Funktion**: Beleuchtung einer für Menschenbild („schö-ne Seele") und Wirklichkeitssicht („Harmonieideal") der Klassik typischen Situation aus neutraler Sicht, um dem Leser des Bildungsromans Gelegenheit zur unvoreingenom-menen Auseinandersetzung zu geben

- **Abwechslungsreiche Zeitgestaltung**: Raffung bei Rückblicken (z.B. Z.4-6); Deckung bei Wiedergabe von Gesprächen (z.B. Z.93-98); Dehnung bei charakterisierenden Pas-sagen (z.B. Z.77-82); **Funktion**: möglichst facettenreiche und vielschichtige Beschrei-bung von Ereignissen und Personen in ihrem Verhalten

- **Raumgestaltung**: Schloss des Grafen als Rahmen – Dominanz der Welt des Adels und, seines Wertesystems; die Jagd außerhalb des Schlosses als Symbol der Freiheit des Adels, wobei die Lebewesen für das Vergnügen mit ihrem Tod bezahlen; private Zimmer als Orte vertraulicher Gespräche; Garderobe und Kabinett als Orte des Scheins (Maskerade) bzw. des offiziellen Rollenverhaltens der Schlossbewohner

- **sprachlich-stilistische Gestaltung**:
  - **Wortfelder**: Adel und höfisches Umfeld (z.B. „Baronesse" [Z.12], „Graf" [Z.51], „Jagd" [Z.21]); Charaktermerkmale von Personen (z.B. „Edelmut" [Z.10], „Freige-

bigkeit" [Z.10], „Sittsamkeit" [Z.10]); ethische Kategorien, z.B. „Herz" (Z.7) „reine Seele" (Z.153), „Sünderin" (Z.45)

- **Syntax**: genaue und umfassende Wiedergabe komplexer Phänomene und Prozesse, z.B. Z.31-33; asyndetische, parataktische Reihungen an handlungsentscheidenden und spannenden Momenten, z.B. Z.51-55

- **Stilmittel**: Wiederholung, z.B. „was sie wußte und nicht wußte" (Z.8) > narrativer und zugleich präzise Wiedergabe von Sachverhalten; Trikolon, z.B. „Edelmut ... Freigebigkeit ... Sittsamkeit" (Z.10.); Litotes, z.B. „nicht ohne Missbilligung und ohne sanften Tadel" (Z.15f.) > ebenso direkte wie zurückhaltende Art der Darstellung; Anapher und Parallelismus, z.B. „bald als Bauernmädchen, bald als Page, bald als Jägerbursche" (Z.24) > elegante und prägnante Verknüpfung der verschiedenen Rollen einer Person; Personifikation, z.B. „das gute Glück, das ihn verfolge" (Z.34) > Veranschaulichung eines abstrakten Begriffs zur Unterstützung der Vorstellungskraft des Lesers

4. Darstellung des Protagonisten auch im Vergleich zu Baronesse und Philine

- **Protagonist: Wilhelm**: Wilhelm ist authentisch, integrer, sensibler, aber in seiner Jugend noch unerfahren und zur Selbststeuerung unfähig; er hat ein naiv-reines Wesen ohne Neigung zum höfisch-oberflächlichen Verhalten seiner Umgebung, ist anfällig für Illusionen und Beeinflussung durch andere; er wirkt in seinem Verhalten eher passiv

- Gegensatz zwischen Wilhelms Naivität sowie Redlichkeit und der Geschmeidigkeit und Klugheit **Philines** sowie der intriganten Durchtriebenheit und taktischen Versiertheit der **Baronesse**; zugleich fällt aber auch anders als bei Wilhelm die Unbekümmertheit und Unbeschwertheit beider Frauen auf

- Spannungsverhältnis zwischen Wilhelm und den Vertretern des Adels; Darstellung des von Äußerlichkeit, Rollenbewusstsein und Dominanzverhalten geprägten Selbstverständnisses der Adligen und der damit verbundenen oberflächlichen und amoralischen Handlungsweisen

5. Interpretation:

- **klassisches Harmonieideal** und **schöne Seele**: Wilhelm als potentieller Repräsentant der Klassik, der aber zu schwach ist, um seine „schöne Seele" zur Entfaltung bringen zu können; er muss sich bewähren im Hinblick auf seine Entwicklung und Reifung

- Rollentypus Gräfin als grundsätzlich mögliche **Vertreterin der „schönen Seele"**, die in charakterlicher Nähe zum Protagonisten steht, aber im Textauszug sich nicht in verführerische Situationen bringen lässt, in denen sich ihr Charakter unter Beweis stellen müsste

- **Motivkomplex „Maskerade und Schauspiel"**: Spannung von Sein und Schein; Ausdruck der Möglichkeit von Humanität und deren Bedrohung durch Äußerlichkeit, Intrigantentum, Spiel und Täuschung

- **Adel** als gesellschaftliche Schicht, die zunehmend in Frage gestellt wird und nur noch von Kapital, Ritual, Tradition lebt, aber ohne innere Legitimation und Lebenskraft

Teilaufgabe b) = Teilaspekt

Der Umgang eines Protagonisten mit einer Situation der Überforderung im Vergleich zum Verhalten einer literarischen Figur eines anderen Werkes in einer ähnlichen Lebenslage

Vorschlag: Arthur Schnitzler: „Leuitnant Gustl"

- **Auslöser der Überforderung**: Wilhelm wird durch die äußeren Aktionen der Frauen fremdbestimmt und instrumentalisiert. Hingegen erfährt Lieutnant Gustl einen inneren Konflikt,
  der aus dem Spannungsverhältnis zwischen den tradierten Ansprüchen des militärischen
  Ehrenkodex und seiner Ahnung von der Fragwürdigkeit der damit verbundenen ethischen
  Konventionen (Duell bei Ehrverletzung) resultiert.

- **Art und Ausmaß der Überforderung**: die Fremdbestimmung Wilhelms zeigt sich in seiner
  Handlungsunfähigkeit, Widerstand zu leisten; er spielt eine Rolle, die ihm von außen aufge-
  zwungen wird, und gerät in eine ausweglose Situation, der er nicht gewachsen ist und der
  er nicht entfliehen kann. Lieutnant Gustl erfährt einen Gewissenskonflikt, der mit Abwägung,
  Selbstreflexionen und Spekulation verbunden ist; aufscheinende Handlungsalternativen werden nicht wahrgenommen.

- **Charakterliche Voraussetzungen der Protagonisten für die Bewältigung der Überforderung**: Sowohl Lieutnant Gustl als auch Wilhelm erscheinen als labile, schwache und nicht
  durch Selbstdisziplin handlungsfähige Figuren. Ihre Schwäche ist zwar individuell verschieden ausgeprägt, erscheint aber als wesentliche Ursache ihrer Handlungsunfähigkeit.

- **Individuelle Reaktion auf die Überforderung**: Während Wilhelm zum Spielball der Frau-
  en wird und sich diesen ausgeliefert sieht, begibt sich Lieutnant Gustl auf einen Weg durch
  die Nacht, in der er die Ansprüche des Wertesystems, aber auch seine Neigungen und Ge-
  wohnheiten, ja sein ganzes Leben in Frage stellt. Wilhelm zeigt Gefühle der Beklemmung,
  des Unwohlseins, der Angst, während Lieutnant Gustl eher auf der rationalen Ebene Bedenken trägt und hin- und herwendet.

- **Ergebnis im Umgang mit der Überforderung**: Sowohl bei Wilhelm als auch bei Lieutnant
  Gustl löst sich die Situation auf, ohne dass es jeweils zur Katastrophe kommt. Während Gustl
  der Situation durch den Tod eines Beteiligten entkommt, bleibt Wilhelm zwar im sozialen Kontext seiner Überforderungssituation, wird aber nicht mit Versagen oder Schuld konfrontiert,
  sondern muss mit der Offenheit der Situation leben.

8.3 Materialgestütztes Verfassen eines informierenden Textes (Aufgabe IV)

(1) Analyse der Aufgabenstellung

Ermittle die **Art des zu formulierenden informativen Textes** (z.B. Vortragskonzept, Zeitschriftenbeitrag, Lexikonartikel, sachlicher Leserbrief). Erschließe dann das Thema des zu erstellenden Textes, indem du auf **Fachbegriffe** und **Schlüsselwörter** in der Themenstellung achtest, die du farbig markieren solltest: Damit wird angegeben, welche Aspekte im Mittelpunkt des Textes stehen sollen. Beachte, ob eine thematische Eingrenzung oder Schwerpunktsetzung vorgegeben ist; bei ganz offener Fragestellung musst du überlegen, welche Aspekte ergiebig sind. Nur so kannst du eine Themaverfehlung vermeiden! Ermittle aus der Aufgabenstellung die Adressaten und den **situativen Zusammenhang** deines Textes sowie **Zielsetzung und Sprachniveau** des von dir zu erstellenden Textes! Achte auf die Zahl der für den Text vorgegebenen Wörter!

(2) Stoffsammlung und Materialerschließung

Hier notierst du relevante **Textstellen** aus den gegebenen Materialien sowie deine **persönlichen Gedanken**, **Ideen und Sachkenntnisse** zum Thema. Du schreibst alles auf, was dir zu diesem Thema einfällt und was aus den gegebenen Materialien aus deiner Sicht für deinen Text brauchbar ist.

(3) Stoffordnung

Überprüfe die Stichworte danach, ob sie zum Thema passen. Streiche unpassende Begriffe oder Textstellen, sonst besteht die Gefahr einer Themaverfehlung! Unterstreiche die thematisch zusammengehörenden Einzelpunkte mit einem Farbstift!

(4) Gliederung (nicht bewertungsrelevant, aber wichtiger Schreibplan)

Die Gliederung ist der „Fahrplan" für die Ausarbeitung; sie enthält eine **sinnvolle Anordnung** der Informationen, die du in deinen Text einbauen willst; die Elemente der geordneten Stoffsammlung werden in logischer Reihenfolge dargeboten, wobei Ober- und Unterpunkte gebildet werden. Bei diesem Aufsatztyp bist du in der Gestaltung des Hauptteils frei; überlege dir aber eine **sinnvolle Anordnung Ihrer Informationsblöcke** nach (Unter-)Themen. Es werden Stichworte (Nominalstil!) oder ganze Sätze gebildet, keinesfalls eine Vermischung von beidem. Einleitungs- und Schlussgedanke können jeweils in einem Satz zusammengefasst werden.

Beispiel für ein Gliederungsschema:

(A)		(Einleitungsgedanke)
(B)		(Art des Textes, z.B. Lexikonartikel zum Thema „Romantik")
	I.	Begriff
	II.	Geschichtlicher Hintergrund
		1.
		2.
	III.	...
(C)		(Schlussgedanke)

(5) Ausarbeitung

(A) Einleitung

Die Einleitung ist eine logische Hinführung zum Thema. Sie sollte höchstens 1/6 des informativen Textes ausmachen. Folgende Möglichkeiten für die Einleitungsgedanken gibt es beispielsweise:

- Einordnung des darzustellenden Themas in einen größeren Zusammenhang

- Bezug auf aktuelle Situation (aktuelles Thema, Querverbindungen; aktuelles Beispiel)

- Begründung der Bedeutung des Themas

- Begründung der Konzeption im Hauptteil

(B) Hauptteil

Im Hauptteil geht es darum, die relevanten Informationen zum Thema logisch anzuordnen und rhetorisch überzeugend aufzubereiten; dabei sind die Materialien entsprechend der Aufgabenstellung passend einzubeziehen (Zitate sinnvoll einsetzen!). Im Zentrum steht eine dem Thema angemessene, sachlogische, am Gegenstand der vorgegebenen Thematik ausgerichtete Entwicklung der Gedanken. Es erfolgt eine schlüssige Darstellung der Inhalte durch

- logische Folgerungen und Ableitungen (kausale, konsekutive und finale Verknüpfungen)

- Ableitungen aus Textstellen (induktives Verfahren) oder Sachkenntnissen (deduktives Verfahren)

- Anführen von Beispielen

- Darstellung von Tatsachen

Die einzelnen Gliederungspunkte entsprechen inhaltlichen Schwerpunkten. Formuliere zwischen den Gliederungspunkten elegante Überleitungen!

(C) Schluss

Der Schluss bietet eine kurze und knappe Zusammenfassung oder Abrundung des Themas. Folgende Möglichkeiten bestehen:

- thematisch weiterführende Gedanken entfalten

- Aktualität des Themas herstellen (aber nicht zwanghaft!)

- Bewertung einzelner Gesichtspunkte durchführen

- persönlichen Bezug zum Thema (aber glaubwürdig!) herstellen

Zum Zitieren: Textbelege werden wörtlich oder sinngemäß zitiert. Es ist zu beachten, dass die Belege orthographisch richtig und syntaktisch korrekt eingebaut werden und dass die Sätze nicht zu lange werden. Beispiel:

- **direktes Zitat**: Canetti weist einleitend darauf hin, „dass Menschen, die unter Befehl handeln, der furchtbarsten Taten fähig sind" (Z. 1).

- **sinngemäßes Zitat**: Nach Canetti sind Menschen, die nach Befehl handeln, zu den schrecklichsten Taten fähig (vgl. Z.1).

(6) Sprachliche Gestaltung

Der Text erfordert ein dem Thema, der kommunikativen Absicht und Zielsetzung, der Situation sowie den Adressaten (insbesondere deren Erwartungen und Interessen) angemessenen Stil. Bei informativen Texten ist dies in der Regel der Sachstil, für den folgende Merkmale typisch sind:

- Nominalstil

- Fachbegriffe

- Fremdwörter

- Zitate

- logische Verknüpfung von Sinnabschnitten (z.B. Hinführung, Überblick, Entfaltung, Ursache-Wirkungs-Zusammenhänge, Unterthemen, Argumente, Beispiele, Ergebnis, Fazit, Ausblicke) durch konjunktionale Adverbialsätze mit Gebrauch entsprechender Konjunktionen (da, weil, infolgedessen, so dass, um zu, …) und Präpositionalphrasen (vor diesem Hintergrund, auf dieser Grundlage, gegenüber diesen Beobachtungen, trotz …, wegen …, …).

- komplexer und variabler Satzbau (Vorherrschen der Hypotaxe)

Abiturprüfung 2018 / Aufgabe II - Aufgabenstellung

Aufgabenstellung

> *Ihre Schule will sich zukünftig als Medienschule profilieren. In diesem Zusammenhang soll eine Broschüre für Eltern erstellt werden, die über unterschiedliche Aspekte des digitalen Lernens informiert. Das Thema Ihres Beitrags ist „Die Kulturtechnik Schreiben im digitalen Zeitalter".*

Verfassen Sie diesen Beitrag, der über die Auswirkungen des digitalen Wandels auf die Kulturtechnik Schreiben informiert, den Stand der Diskussion beschreibt und eigenes Wissen über aktuelle Entwicklungen mit einbezieht!

Nutzen Sie dazu die folgenden Materialien (1-9) sowie eigene Kenntnisse und Erfahrungen! Bezüge auf die Materialien können ohne Zeilenangabe unter Nennung der Autorin bzw. des Autors und ggf. des Titels erfolgen.

Ihr Text soll etwa 1200 Wörter umfassen.

Material 1: Karikatur von Bernd Zeller aus der Zeitschrift *Deutsche Sprachwelt* (2015) (Quelle: Bernd Zeller, Karikatur, in: Deutsche Sprachwelt, Ausgabe 59, Frühling 2015, S. 1)

Material 2: Christian Doelker (Kommunikationswissenschaftler), *Was ist überhaupt eine Kultur-technik?*, in: Infoset Medienkompetenz: 10 Fragen – 10 Antworten (2016)

Kulturtechniken sind Methoden, um Inhalte einer Kultur anderen mitteilen und für nachfolgende Generationen überliefern zu können. Die bekanntesten Kultur-techniken sind Lesen und Schreiben. Kulturtechniken setzen also eine Methode der Verschlüsselung (z. B. als Schriftzeichen) und Entschlüsselung voraus. Dank Kulturtechniken können Mitteilungen aufgezeichnet und damit allgemein verfügbar gemacht werden.
Mit den heutigen Aufzeichnungsmitteln (Film, digitale Speichermedien etc.) ist es auch möglich, Bilder und Töne aufzuzeichnen und damit aufzubewahren und weiterzugeben. Fernsehen und die Benutzung des Computers sowie anderer neuer Medien sind deshalb folgerichtig ebenfalls Kulturtechniken, und wie Lesen und Schreiben müssen sie gelernt werden.

Material 3: Ursula Scheer, *Finnland ohne Schreibschrift: Schreibst du noch, oder tippst du schon?*, veröffentlicht auf www.faz.net (2015)

[...] Seit der digitale Mensch wischt, tippt, klickt und mit Google redet, führt die Handschrift Rückzugsgefechte. Dass die Fähigkeit, mit der Hand zu schreiben, eine überkommene Kulturtechnik ist, die eigentlich niemand mehr braucht, glauben offenbar immer mehr Menschen. [...]
„Flüssig tippen zu können ist eine wichtige nationale Kompetenz", sagte Minna 5 Harmann, die im finnischen Bildungsministerium die neuen Richtlinien erarbeitet hat, gegenüber der „Helsinki Times". Schneller SMS verschicken und Texte auf dem Tabletcomputer bearbeiten zu können, das gehört jetzt zu den neuen Bildungszielen. Einzelne Buchstaben auf Papier mit der Hand zu verbinden, sagte Minna Harmann, sei für viele Kinder derart mühsam, dass es zu 10 Schreibblockaden führe. Der Computer löse das Problem und erlaube es den Schülern, sich stärker auf den Inhalt des Geschriebenen zu konzentrieren. [...]
In den Niederlanden gibt es inzwischen mehr als zwanzig sogenannte Steve-Jobs-Schulen, in denen iPads Lehrbücher und Hefte ersetzen – von der ersten Klasse an. Auch in vielen amerikanischen Bundesstaaten steht die Handschrift 15 vor dem Aus. Dort wechseln Schüler häufig nach einem Jahr mit der Hand-schrift an die Tastatur und die Tablets. [...]
Nun sind Kulturtechniken kein Selbstzweck. Schrift wurde erfunden, um Sprache vom Sprecher unabhängig durch Zeit und Raum zu transportieren, nicht damit Kinder ihre Feinmotorik schulen. Worte in Stein meißeln heute nur noch 20 Steinmetze2, und keiner beklagt es. [...] Studien aus den Vereinigten Staaten und Frankreich zeigen, dass das Schreiben mit der Hand mehr ist als ein nostalgisches Relikt für Füllfederhalterliebhaber. Denn wer Buchstaben auf dem Papier erschafft, statt sie auf einer Tastatur auszuwählen, wer sie mit einer Handbewegung zu Worten verbindet, der aktiviert mehr Hirnregionen und 25 vergisst das Notierte weniger leicht. Die relative Langsamkeit des Vorgangs unterstützt die Gedankenfindung und fordert Konzentration, nicht nur bei Kindern. Statt Achtsamkeit in Zen3-Seminaren zu üben, könnte es also auch das Befolgen eines alten Bundespost-Slogans tun: Schreib mal wieder.

Material 4: Peter Praschl, *...das Ende der Handschrift?*, in: Süddeutsche Zeitung Magazin, Nr. 6 vom 10.02.2012, S. 28-30

[...] Selbstverständlich ist das Schreiben mit der Hand eine Kulturtechnik. Aber ebenso gewiss handelt es sich um eine, die den Menschen immer weniger von Nutzen ist – so wie die Kulturtechnik des Reitens. Ganz schön, aber nicht mehr rasend wichtig. Es gibt verständlicherweise keine belastbaren Untersuchungen darüber, wie viel noch mit der Hand geschrieben wird – aber dass es nicht mehr sehr oft vorkommt, zeigt ein Blick aufs eigene Leben oder in die nähere Umgebung. Die Einkaufslisten; die paar Notizen, die man sich noch macht; die Briefe, die man dann und wann schreibt, wenn sie besonders persönlich wirken sollen; oft genug gibt es auch Tage, an denen das Einzige, was man von Hand schreibt, die Unterschrift auf einem Kreditkartenbeleg ist.

Vielleicht hat das Tippen von Texten auf Tastaturen ja Vorteile, welche die Nachteile, die durch das Verschwinden der Handschrift entstehen, mehr als wettmachen: Auf dem Computer geschriebene Korrespondenzen lassen sich bequemer durchsuchen als Zettel in den weggeräumten Kartons mit den alten Briefen, die Löschtaste entsorgt Fehler und missverständliche Formulierungen

Sieht so aus, als müssten wir die Handschrift abschreiben. Im Alltag brauchen wir sie gerade noch für Einkaufslisten und Unterschriften. Alles andere erledigen Tastaturen. Schlimm, meinen Kulturschützer und Bildungspolitiker. ABER WAS GENAU VERLIEREN WIR EIGENTLICH DURCH...

rückstandsloser als Durchstreichungen, die automatische Rechtschreibkorrektur hilft dabei, peinliche Schnitzer zu vermeiden. Seit es das Internet gibt, lassen sich Liebeserklärungen, Danksagungen und Was-ich-dringend-noch-sagen-wollte-Nachträge so impulsiv auf den Weg bringen, wie die Gefühle es verlangen. Und seit man sich per SMS für schöne Abende und tolle Essenseinladungen bedanken kann, ist man häufiger höflich als zu den Zeiten, da man erst anderntags ein Billett schreiben konnte, das man korrekt frankieren und zum Briefkasten bringen musste. Vor allem aber ist die von Maschinen erzeugte Schrift zuverlässig lesbarer als die von Hand mit einem Stift aufgetragene. [...] Das Irritierende an den Wehklagen über das Verschwinden der Handschrift ist ja, dass sie in einer Zeit auftauchen, in der vermutlich so viel wie noch nie zuvor in der Menschheitsgeschichte geschrieben wird. Immer größere Anteile unserer Kommunikationen werden verschriftlicht. Kann schon sein, dass wir das Höchstpersönliche von Handschriften nur noch selten vor Augen bekommen, doch die Netz-Kultur, die es verdrängt hat, ist (auch) viel intimer, persönlicher, privater, als es die analoge vor der medialen Revolution sein konnte. [...]

Material 5: Eva Dignös, *Was haben wir gelacht! Kommunikation 2.0: Ein Emoji wird in Großbritannien zum Wort des Jahres 2015 gekürt*, veröffentlicht auf www.sueddeutsche.de (2015)

Triumph des gelben Smileys über die Welt der Buchstaben: Für die Sprachbeobachter der britischen Oxford Dictionaries ist ein Emoji das Wort des Jahres. Die Begründung der Jury: Das Grinsegesicht, dem die Freudentränen aus den Augen spritzen, sei der Ausdruck, der das vergangene Jahr sprachlich am besten reflektiere. Die Bedeutung der Emojis in der Kommunikation

habe 2015 enorm zugenommen. Und das beliebteste Gelbgesicht sei nun einmal das Freudentränen-Emoji[22] gewesen. 10 Woher Oxford Dictionaries das weiß? Die Institution, die der Oxford University angeschlossen ist, ließ einen Anbieter von Tastatur-Apps auswerten, welche Emojis am häufigsten genutzt werden. [...]

Material 6: Gabriele Paschek (Kommunikationswissenschaftlerin), *Heute schon mit der Hand geschrieben?*, aus der Zeitschrift Gehirn und Geist 9 (2012)

[...] [S]owohl geistig als auch körperlich scheint es von Vorteil, seine Gedanken ohne technische Hilfe aufs Papier zu bringen.

---

[22]Bildquelle: https://blog.oxforddictionaries.com/wp-content/uploads/WOTY-emoji-banner.png

So vermutet ein Team um die Psychologin Sandra Sülzenbrück, dass das Schreiben per Hand die Feinmotorik fördert. Die Forscher vom Leibniz-Institut für Arbeitsforschung in Dortmund verglichen rechtshändige Probanden, die angaben, besonders viel mit der Tastatur zu schreiben, mit Rechtshändern, die häufiger zu Stift und Papier griffen. Beide Gruppen mussten einen Geschicklichkeitsparcours je einmal mit der rechten Hand und einmal mit der linken absolvieren. Die Computerfans brauchten nur mit rechts deutlich länger als die Schreiberlinge. Ihnen fehlte offensichtlich die Übung in genau koordinierten Bewegungen.

Gravierender als diese physischen Auswirkungen könnten aber jene auf kogni-tiver Ebene sein. Laut der französischen Neurowissenschaftlerin Marieke Long-camp und ihren Kollegen fällt es Kindern und Erwachsenen leichter, neue Schriftzeichen zu lernen, wenn sie diese auf altmodische Weise produzieren – und nicht an Laptop oder PC. [...]

Im Experiment trainierte ein Teil der Probanden die Buchstaben handschriftlich, die anderen mit einer speziellen Tastatur. Nach dem Training sowie mehrere Wochen später kontrollierten die Forscher den Lernerfolg. Und siehe da: Die Handschreiber hatten die Nase eindeutig vorn. Ihnen gelang es wesentlich besser, die gelernten Schriftzeichen von spiegelverkehrten Kopien zu unterscheiden. Gerade damit hadern übrigens Erstklässler besonders. Spiegelverkehrt sind in unserem Alphabet die Buchstaben »d« und »b« sowie »p« und »q«. Sie bereiten vielen Schulanfängern mehr Kopfzerbrechen als Lettern, denen ein ähnliches Pendant fehlt. Auch Legastheniker haben mit dieser Spiegelbildlichkeit häufig Probleme. Demzufolge könnte ein reines Lernen mit der Tastatur Lese- und Rechtschreibschwächen fördern.

Es erscheint also sinnvoll, dass junge Abc-Schützen ihre ersten Buchstaben mit einem Stift in ihrem Heft verewigen. Ob man auf die Taste »d« oder »s« drückt, macht vom Bewegungsablauf her kaum einen Unterschied. Besteht die Aufgabe jedoch darin, ein »s« zu Papier zu bringen, müssen Schüler jeden Schwung und den exakten Verlauf des Buchstabens mit Hilfe der eigenen Hand nach-vollziehen. Jedes Schriftzeichen wird so mit einer einzigartigen Körper-bewegung verknüpft – ein entscheidender Vorteil gegenüber dem Tippen per Tastatur. Die entsprechenden Erregungsmuster im Gehirn lassen sich auch mittels funktioneller Magnetresonanztomografie (fMRT) sichtbar machen. [...]

Material 7: Günther Birkenstock (Kulturwissenschaftler), *Die Handschrift im digitalen Zeitalter*, veröffentlicht auf www.dw.de (2012)

[...] Im Grunde sind sich die Spezialisten einig. Es ist außerordentlich wichtig, die Handschrift als Kulturtechnik zu erhalten. Doch der gegenteilige Trend ist derzeit zu sehen. Liegt das nur an der Entwicklung neuer Techniken wie Smartphone und Laptop? Denn mit der Hand schreiben immer weniger Menschen. Insbesondere in der Schule wird die Schere zwischen Kindern, die gut schreiben können und denen, die nur mühsam Sätze zu Papier bringen, immer größer. Das konstatiert die Pädagogik-Professorin Angela Enders von der Uni Regensburg. [...]

Pädagogin Enders beklagt diese Entwicklung und betont, das Verdrängen der Handschrift führe dahin, dass Schüler andere Wahrnehmungs- und Denkformen entwickelten, „weil Texte, die mit der Hand geschrieben werden, besser durch-dacht werden müssen als Texte, die am Computer getippt werden. Das nennt man Zerflatterungsprozesse." Am Computer könne man etwas einfügen und nachschieben, zum Schluss noch ein Rechtschreibprogramm durchlaufen lassen. Mit der Hand müssten die Kinder von Anfang an planen und überlegen, was will ich überhaupt schreiben: „Das führt dazu, dass Kinder auch anders denken lernen, nämlich stärker logisch und schlussfolgernd". [...]

Material 8: Henning Lobin u. a., *Lesen und Schreiben im digitalen Zeitalter*, in: Spiegel der Forschung 27, 2 – Sonderheft Spitzenforschung (2010), S. 14–23 (2010)

Einer der größten medien- und kulturtechnischen Umbrüche der Menschheitsgeschichte fand vor mehreren Tausend Jahren statt: die Erfindung der Schrift. Vorher mussten Informationen im Gedächtnis festgehalten, also auswendig gelernt und mündlich überliefert werden. Mit Erfindung der Schrift wurde es möglich, Informationen außerhalb des Körpers zu speichern. Sie kommt daher einer medien- und kulturtechnischen Revolution gleich. Lesen und Schreiben gehören seitdem zu den fundamentalen Kulturtechniken.

Die Kultur, in der wir leben, ist für uns mit ihren kulturellen Produkten, Prozessen und Praktiken wie eine Sprache, in die wir hineingeboren werden. Wie in unsere Muttersprache wachsen wir auch in unsere Kultur hinein, lernen die wichtigsten Texte, Ereignisse und Werte kennen, schaffen Querbezüge und lernen, durch Interpretation kulturellen Sinn zu erkennen. Grundlage dieser Sichtweise ist die Vorstellung, dass die Kultur aus einem System von Zeichen besteht, das uns kulturelle Bedeutung vermittelt.

wenn es um Zeichen geht, ist Kommunikation nicht weit: Zeichen sind zum Kommunizieren da. Anders als beispielsweise Feuermachen oder Ackerbau, die zu den wichtigsten allgemeinen kulturtechnischen Errungenschaften der Menschheit zählen, sind Lesen und Schreiben Teil der grundlegenden Kultur-techniken des Kommunizierens, Basis weiterer kommunikativer Kultur-techniken wie des Archivierens und des Recherchierens. [...]

Schon mit der Erfindung der Schrift und des Buchdrucks wurden kulturkritische Stimmen laut: Die Schrift zerstöre das Gedächtnis (Sokrates), führe mithin zu einem Verlust der Kontrolle über die Sprache. Im 15. Jahrhundert wurde der Buchdruck im Vergleich mit der „Jungfrau" Feder als „Hure" beschimpft: Hier wird also der Kontrollverlust über den Text kritisiert. Im digitalen Zeitalter wird das kontemplative, das konzentrierte Schreiben vielleicht auf der Strecke bleiben und Einfluss auf das begriffliche Denken und die argumentative Komplexität haben. [...]

Wie die neuen Praktiken des Lesens und des Schreibens die Formation unserer künftigen Kultur prägen werden, werden wir jedoch erst dann genauer erkennen können, wenn die erste Generation der Digital Natives unter diesen Bedingungen herangewachsen und selbst produktiv geworden ist, ohne auch nur eine ferne Erinnerung daran, wie die Schriftkultur ohne digitale Hilfsmittel funktionierte.

Material 9: Bevölkerung in Deutschland nach Anwendungsbereichen des PCs (2015), Quelle der Daten: IfD Allensbach (Acta 2015)

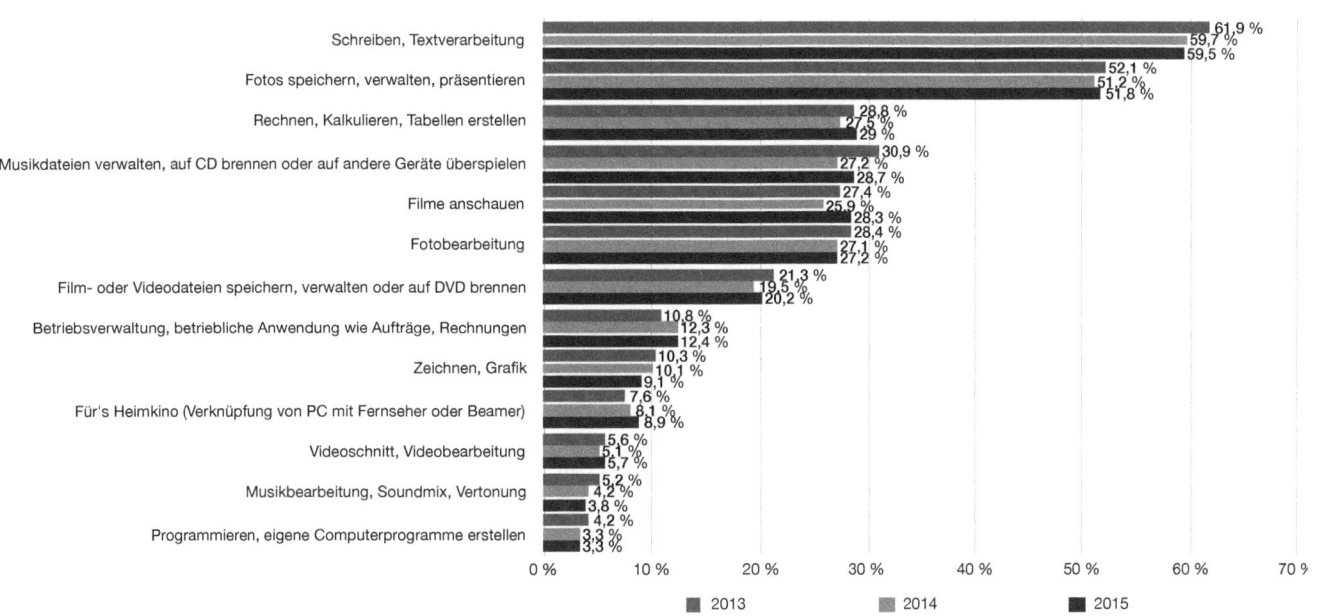

Abiturprüfung 2018 / Aufgabe II - Lösungshinweise

Im Folgenden wird ein **Vorschlag für die Gliederung** eines Beitrags mit dem Thema „Die Kulturtechnik Schreiben im digitalen Zeitalter" in einer Broschüre für Eltern zu den unterschiedlichen Aspekten des digitalen Lernens gegeben. In Klammern finden sich jene Materialien, auf die Bezug genommen werden könnte.

A - Einleitung (M1, M5, M7, M9)
Die Schule ist Teil der gesellschaftlichen Realität. Das digitale Zeitalter hat vielfältige Auswirkungen auf das Leben der Menschen. Schulische Bildung muss daher auf diese Entwicklung reagieren und die jungen Menschen befähigen, mit der Kulturtechnik „Schreiben" auch unter veränderten Bedingungen zukunftsfähig umgehen zu können.

B - Hauptteil
Im Mittelpunkt des Textes steht die Kulturtechnik „Schreiben" in ihrer grundsätzlichen Bedeutung für den Menschen, aber auch in ihrer qualitativen und quantitativen Veränderung im Kontext neuer medialer Möglichkeiten.

   I. **Kulturtechnik „Schreiben"** (M1, M2, M4,M6, M7, M8)

      1 Begriff „Kulturtechnik"

      2 Handschrift als Kulturtechnik

      3 Zeitlose Bedeutung des Schreibens

  II. **Vergleich der Wirkungen von Handschrift und Tastatur** (M1, M3, M4, M6, M8)

      1 Grundsätzliche Bedeutung der Handschrift

      2 Vor- und Nachteile der Handschrift

      3 Vor- und Nachteile der Tastaturschrift

 III. **Zeitübergreifender Zusammenhang von Handschrift und Denken** (M3, M4, M6)

      1 Geistige und körperliche Folgen der Handschrift

      2 Bedeutung der Handschrift für die Wahrnehmung

 IV. **Folgen der Digitalisierung für das Schreiben** (M3, M5, M8, M9)

      1 Erhöhung der Effektivität bei der Verschriftlichung von Kommunikation

      2 Erweiterung der Darstellungs- und Speicherkapazitäten

      3 Neue Such- und Überarbeitungsmöglichkeiten

      4 Schaffung neuer Formen der Kommunikation

      5 Oberflächlichkeit und Gefährdung der Konzentration

      6 Erhöhung der Fehlerzahl in Rechtschreibung und Grammatik

      7 Einfluss der Wirtschaft auf die Bildung

  V. **Medienkompetenz als Ziel schulischer Bildung** (M2, M3, M6, M7)

      1 Schreibkompetenz als Teil menschlicher Bildung

      2 Erhaltung der Handschrift als elementare Kulturtechnik

      3 Verantwortungsbewusster Umgang mit digitalen Medien durch bewusstes Schreiben

C - Schluss

Eltern als wichtiger Teil der Schulgemeinschaft sollten sich mit ihren Erfahrungen und (beruflichen) Fähigkeiten kreativ und kritisch in den Entwicklungsprozess einbringen, in dem sich die Schule als Medienschule profiliert. Dabei sollte auch in der Familie die Handschrift ebenso gefördert werden wie der Umgang mit digitalen Medien bei Schreibprozessen.

8.4 Textbezogenes Argumentieren (Aufgabe V)

(1) Erschließung des Themas

Ermittle die **Art der erwarteten Darstellung** („Analysieren Sie nach / unter besonderer Berücksichtigung von ... und erörtern / diskutieren Sie ...“). Erschließe dann den **Gegenstand** des Aufsatzes, indem du auf **Fachbegriffe** und **Schlüsselwörter** in der Themenstellung achtest, die du farbig markieren solltest: Damit wird angegeben, welche Aspekte im Mittelpunkt des Aufsatzes stehen sollen. Beachte, ob eine Schwerpunktsetzung vorgegeben ist; bei ganz offener Fragestellung („Analysieren Sie ...“) musst du überlegen, welche Aspekte ergiebig sind; in der Regel geht es aber meist um argumentativen Aufbau und Position des Autors. Nur so kannst du eine Themaverfehlung vermeiden!

(2) Analyse

Genaues Lesen des Textes und Unterstreichung von Kernaussagen und Schlüsselbegriffen; Festhalten von spontanen Beobachtungen zum Text; Markierung von Sinnabschnitten; Notizen zu Sinnabschnitten (Zeilenangaben!) und weiteren Aspekten der Aufgabenstellung (z.B. sprachliche Mittel; Position bzw. Intention des Autors).

(3) Erörterung bzw. Kommentar: Stoffsammlung und Stoffordnung

Hier notierst du Textstellen, Gedanken, Ideen und Sachkenntnisse zum Thema. Du schreibst alles auf, was dir zu diesem Thema einfällt. Überprüfe die Stichworte danach, ob sie zum Thema passen. Streiche unpassende Begriffe oder Textstellen, sonst besteht die Gefahr einer Themaverfehlung! Unterstreiche die thematisch zusammengehörenden Einzelpunkte mit einem Farbstift!

(4) Gliederung (nicht bewertungsrelevant, aber wichtiger Schreibplan)

Eine Gliederung wird nicht bewertet, ist aber eine unerlässliche Grundlage für einen sinnvollen Aufbau des Aufsatzes! Sie enthält eine logische Anordnung der Analyseergebnisse sowie der Argumente für die Erörterung bzw. den Kommentar; die Elemente der geordneten Stoffsammlung werden in logischer Reihenfolge dargeboten, wobei Ober- und Unterpunkte gebildet werden. Bei diesem Aufsatztyp bietet sich eine binäre Grundgliederung an: „I. Analyse II. Erörterung“. Damit wird der Hauptteil gestaltet. Es werden am besten Stichworte oder ganze Sätze gebildet. Einleitungs- und Schlussgedanke wird jeweils in einem Satz zusammengefasst.

Beispiel für ein Gliederungsschema:

(A) Einleitung z.B. „Neue Formen des Analphabetismus unter der Generation „digital natives"

(B) Textbezogene Erörterung anhand des Textes (z.B. der Rede, des Essays, …)

    I. Analyse (z.B. „Die Entwicklung der Position Roman Herzogs zum literarischen Kanon unter Berücksichtigung ausgewählter sprachlicher Mittel")

        1. Sinnabschnitt (Z. …- …): „…"

        2. Sinnabschnitt (Z. …- …): „…"

        3. Sinnabschnitt (Z. …- …): „…"

    II. Erörterung bzw. Kommentar (z.B. „Erörterung der von Roman Herzog 1997 erhobenen Forderung nach einem literarischen Kanon vor dem Hintergrund unserer heutigen Mediengesellschaft und unter Einbeziehung eigener Lese- und Medienerfahrungen")

        1. PRO-Argumente (antithetisch) oder erster sachlicher Aspekt (linear)

           (a) (1. Argument)

           (b) (2. Argument) …

        2. CONTRA-Argumente (antithetisch) oder zweiter sachlicher Aspekt (linear)

           (a) (1. Argument)

           (b) (2. Argument) …

        3. SYNTHESE (antithetisch) oder dritter sachlicher Aspekt bzw. Fazit (linear)

           (a) (1. Argument)

           (b) (2. Argument) …

(C) Schluss, z.B. „Die Erweiterung des Literaturbegriffs in der heutigen Mediengesellschaft"

(5) Ausarbeitung

(A) Einleitung

Die Einleitung ist eine logische Hinführung zum Thema. Sie sollte höchstens 1/6 des ganzen Aufsatzes ausmachen. Folgende Möglichkeiten für die Einleitungsgedanken gibt es:

- Einordnung des zu untersuchenden Textes in einen größeren Zusammenhang
- Bezug auf Verfasser und Werk, falls ein Zusammenhang mit dem Thema besteht
- Bezugnahme auf Thematik
- Bezug auf aktuelle Situation (aktuelles Thema, Querverbindungen; aktuelles Beispiel)

Berücksichtige dabei unbedingt erläuternde Vorbemerkungen. Die Überleitung zum Hauptteil sollte die Themenstellung noch einmal aufgreifen.

(B) Hauptteil

Im Hauptteil geht es darum, in einem ersten Teil die Analyseergebnisse strukturiert und aufeinander aufbauend darzustellen; dabei ist stets enger Textbezug zu wahren (Zitate sinnvoll einsetzen!). Das gestellte Erörterungsthema ist im 2. Teil zu entfalten, indem du Thesen aufstellst, die verschiedene Aspekte der Thematik darbieten. Im Zentrum steht eine dem Thema angemessene, logische, am Gegenstand der Erörterung ausgerichtete Entwicklung der Gedanken. Es erfolgt eine schlüssige Begründung durch

- logische Folgerungen und Ableitungen (kausale, konsekutive und finale Verknüpfungen),

- Ableitungen aus Textstellen (induktives Verfahren) oder Sachkenntnissen (deduktives Verfahren),

- Anführen von Beispielen,

- Vorbringen von Tatsachen.

Es erfolgt eine klare Unterscheidung zwischen These, Begründung und Beispiel. Zwischen den Gliederungspunkten formulieren Sie elegante Überleitungen!

(C) Schluss
Der Schluss bietet eine kurze und knappe Zusammenfassung oder Abrundung des Themas. Folgende Möglichkeiten bestehen:

- thematisch weiterführende Gedanken entfalten,

- Aktualität des Themas herstellen (aber nicht zwanghaft!),

- Bewertung einzelner Gesichtspunkte,

- persönlicher Bezug zum Thema (aber glaubwürdig!).

Zum Zitieren: Textbelege werden wörtlich oder sinngemäß zitiert. Es ist zu beachten, dass die Belege orthographisch richtig und syntaktisch korrekt eingebaut werden und dass die Sätze nicht zu lange werden. Beispiel:

- **direktes Zitat**: Canetti weist einleitend darauf hin, „dass Menschen, die unter Befehl handeln, der furchtbarsten Taten fähig sind" (Z. 1).

- **sinngemäßes Zitat**: Nach Canetti sind Menschen, die nach Befehl handeln, zu den schrecklichsten Taten fähig (vgl. Z.1).

(6) Sprachliche Gestaltung

Analyse und Erörterung erfordern den Sachstil:

- Nominalstil,

- richtiger Gebrauch von Fachbegriffen,

- Überschaubarkeit der Satzkonstruktionen,

- Wahl einer dem Thema angemessenen Stilebene (z.B. Nominalstil; Fachsprache)

- komplexer und variabler Satzbau (v.a. Hypotaxe)

- logische Verknüpfungen durch konjunktionale Adverbialsätze mit Gebrauch entsprechender Konjunktionen (da, weil, infolgedessen, so dass, um zu, ...) und Präpositionalphrasen (vor diesem Hintergrund, auf dieser Grundlage, gegenüber diesen Beobachtungen, trotz ... , wegen ... , ...).

Abiturprüfung 2015 / Aufgabe V - Aufgabenstellung

a) Analysieren Sie, wie der Autor Jan Wiele seine Position zu Chancen und Risiken des Videoportals Youtube argumentativ entwickelt.

b) Bearbeiten Sie **eine** der beiden folgenden Varianten.

- Variante 1:
  Erörtern Sie die Position des Autors Jan Wiele zum Videoportal Youtube. Beziehen Sie dabei eigene Medienerfahrungen ein.

- Variante 2:
  In seinem Text spricht Jan Wiele von einer „dringend nötige[n] Debatte über die Grenzen der Sichtbarkeit" (Z. 80) im Internet.

  Leisten Sie einen Beitrag zu dieser Debatte: Schreiben Sie ausgehend von Jan Wieles Kritik am Videoportal Youtube einen Kommentar für eine Tageszeitung. Beziehen Sie dabei eigene Medienerfahrungen ein.

  Ihr Kommentar sollte etwa 800 Wörter umfassen. Wählen Sie eine geeignete Überschrift.

Der Schwerpunkt der Gesamtaufgabe liegt auf Teilaufgabe b).

Vorbemerkung *Jan Wiele ist freier Journalist, er schreibt regelmäßig für die Frankfurter Allgemeine Zeitung (F.A.Z.).*

0   **Jan Wiele: *Die Dialektik der Bauchnabelfluse***
    (Frankfurter Allgemeine Zeitung, S.31, 25.02.2013)
    Das allererste Youtube-Video wurde 2005 von einem der drei Gründer, Jawed Karim, ins
    Netz gestellt und trug den Titel „Me at the Zoo". Der unscheinbare junge Mann steht vor
    dem Elefantengehege und erklärt, dass Elefanten sehr lange Rüssel hätten, was „really cool"
5   sei. Knapp eine Minute Nullinformation - das ist alles.
    Inzwischen ist viel passiert. Youtube ist ein Massenmedium geworden, dessen Inhalte sich
    maximal ausdifferenziert haben. Es bietet kommerzielles Fernsehen und anarchische
    Homevideos, hohe Kunst und zerdehnte Formlosigkeit, es hält historische Momente wie das
    weiße Rauschen des Nonsens fest. Youtube heißt nicht nur: Du beamst Quatsch ins Netz,
10 sondern auch: Du lernst Klavierspielen, du bist in einer Universitätsvorlesung, du tauchst mit
    verrückten Fischen am Great Barrier Reef. Aber auch: Du siehst einer Steinigung in Iran zu.
    Youtube ist, in größerem Maße noch seit seiner Einverleibung durch Google, ein gigantisches
    Archiv geworden, das Geschichte dokumentiert, insbesondere die Sozialgeschichte im
    Kleinen; auf dem Hochkultur aufblühen oder der letzte Trash abgeladen werden kann. [...]
15 Der Sprengstoff steckt in der absoluten Programmlosigkeit. Diese ist es, die Youtube
    kategorisch unterscheidet vom gewohnten Fernsehen, und sie bezieht sich auf Sendezeiten
    wie Inhalte. Hinter Youtube steht keine Redaktion, allenfalls eine Zensurstelle – die bedingt
    funktioniert.
    Die Programmlosigkeit bedeutet: Alles ist möglich, im Guten wie im Schlechten. Die gute, ja
20 revolutionäre Seite von Youtube ist eine neue Form der Autodidaktik und des Do-it-yourself-
    Geistes, wobei der Phantasie keine Grenzen gesetzt sind und im besten Fall Menschen
    Bildung erfahren, die sonst keinen Zugang zu ihr gehabt hätten oder sie sich nicht leisten
    konnten.
    Da gibt es zum Beispiel den Mathematikprofessor Jörn Loviscach aus Bielefeld, der an seiner
25 Uni einen Kurs mit 32 Studenten hat. Seine inzwischen fast zweitausend Youtube-Videos von

Vorlesungen wurden insgesamt über sechs Millionen Mal angeklickt. [...] Bei Youtube taucht das entlegenste Hobby auf, es reicht von der Selbsthilfegruppe bis zur professionellen Ausbildung, jede denkbare Spezialisierung ist möglich. Wie backe ich den perfekten Frankfurter Kranz? Wie entfernt man unliebsame Tattoos? Auch hier rauscht der Nonsens,
30 der manchmal unrettbar blöd und manchmal unglaublich komisch ist. Ob die Welt Videos [...] von Bauchnabelflusensammlern braucht, oder ob man sehr dicke Menschen bei Yoga-Übungen sehen will, darüber lässt sich streiten. Youtube hat für jeden Geschmack etwas. Youtube bildet Leben ab, in allen Lagen - und das nicht nur visuell, sondern auch im Archiv seiner Kommentarspalte, in der manche sogar eine Form von „oral history" erkennen. Man
35 könnte also von einer aufklärerischen Funktion des Mediums sprechen.
Die negative Energie aber, die ebenso in Youtube steckt, haben viele wohl noch nicht ermessen. Sie liegt in einer Entgrenzung des Sichtbaren, die über Geschmacksfragen weit hinausgeht. Eltern können davon ein Lied singen. Die Algorithmen, nach denen in der Nebenspalte Teaser anderer Videos erscheinen, sind manchmal rätselhaft - da taucht
40 Anzügliches, Ekelhaftes oder Grausames ohne Zusammenhang auf und ohne, dass es eine Grenze gäbe.
Und hier ist man beim Thema der Zensur. Die Youtube-Richtlinien zu bestimmten Inhalten sind eigentlich klar: Man darf keine Sex- oder Gewaltvideos einstellen, verboten sind auch „Misshandlungen von Tieren, Drogenmissbrauch oder Anleitungen zum Bau einer Bombe".
45 Und doch stimmt ein Satz aus diesen Richtlinien - „Youtube ist keine Schockerwebsite" - einfach nicht. Richtig durchgesetzt werden die Regeln nämlich anscheinend nicht. Während erotische oder pornographische Inhalte tatsächlich rar sind, war es beispielsweise, während dieser Artikel geschrieben wurde, innerhalb von 55 Sekunden möglich, das Video einer Enthauptung in Saudi-Arabien zu finden. Oder zumindest in sehr vielen unfassbar
50 drastischen Standbildern zu sehen, was eine chinesische Foltermethode mit dem Namen „der Tod durch 1000 Schnitte" impliziert. [...]
Unter Umständen holt sich ein Kind mit einem Klick eine Szene ins Zimmer, die es nie mehr vergessen wird. Nur Zyniker würden angesichts dieser Möglichkeit wohl ungeniert das Argument vorbringen, dass die Abbildung von Dingen, die „auf der Welt nun einmal
55 passieren", eine aufklärerische Funktion hat.
Warum der Youtube-Filter bei Sex so gut funktioniert und bei Gewalt so schlecht, wirft außerdem Fragen auf. Unterm Strich steht Youtube für eine Abwesenheit redaktioneller Bearbeitung, besonders solcher, die einem Qualitätsbegriff folgen wollte.
Vielleicht wäre es daher ratsam, wenn Youtube doch eine Redaktion hätte. Das sieht man
60 ganz deutlich an dem Film „Innocence of Muslims". Der Film eines unter Pseudonym agierenden Produzenten mit Laiendarstellern schien als gezielte Provokation der islamischen Welt angelegt zu sein, indem er den Propheten Mohammed verspottet – und als solche hat er globale Auswirkungen gehabt. Der Film führte im September 2012 zu gewalttätigen Protesten in verschiedenen arabischen Ländern und zu Angriffen auf amerikanische
65 Botschaften und Konsulate, bei denen viele Menschen verletzt und mindestens dreißig getötet wurden. Er hätte natürlich auch über andere Portale und Medien verbreitet werden können, aber Youtube ist nun einmal das in der Welt bekannteste Videoportal und der Inbegriff einer Medienrevolution, die vielleicht schon dabei ist, ihre Kinder zu fressen.
Es wäre allerdings schade, wenn es erst derart drastische Fälle braucht, um eine dringend
70 nötige Debatte über die Grenzen der Sichtbarkeit wirklicher wie fiktionaler Begebenheiten im Netz zu führen. Denn abgesehen von den Schocker-Themen gibt es da noch ein sehr, sehr weites Feld von Youtube-Inhalten, über deren öffentliche Verfügbarkeit man geteilter Meinung sein kann: etwa über den Seelenstriptease von Millionen von Teenagern in all ihrer Arroganz oder Verzweiflung. Die oral history schlägt hier mit aller Macht zurück: wenn diese
75 jungen Menschen nämlich etwas der Welt Preisgegebenes um jeden Preis wieder zurücknehmen wollen, aber nicht mehr können. Die Dynamik der Kommentarspalte, die Häme darin ist unkontrollierbar - und auch hier greift die eigentlich verordnete Kontrolle durch das Medium immer erst etwas spät, wenn Beleidigungen schon eine Zeitlang sichtbar waren. Manchmal ist das zu spät: the damage is done.
80 Die große Dialektik von Youtube verdichtet sich schließlich im Beispiel eines Videos, welches das Wunder des Lebens zeigt: Man sieht darin eine Hausgeburt in allen Details - ein Blick auf das Intimste, was dem Menschen gegeben ist. Rund um den Globus hatte dieses Intimissimum 63 Millionen Voyeure. Wie denkt darüber wohl später einmal der Mensch, der hier geboren wurde?

Abiturprüfung 2015 / Aufgabe V - Lösungshinweise

Im Folgenden wird ein **Vorschlag für die Gliederung** für die zweiteilige Aufgabenstellung gegeben.

A - Einleitung
Das Videoportal „Youtube" ist ein prominentes Beispiel für die Grenzenlosigkeit und Unkontrollierbarkeit digitaler Medieninhalte. Es stellt sich die Frage nach der Notwendigkeit einer redaktionellen Steuerung, um Menschen, die Inhalt oder Rezipient solcher Angebote sind, vor Menschenrechtsverletzung zu schützen.

B - Hauptteil
Der freie Journalist Jan Wiele widmet sich in seinem Artikel „Die Dialektik der Bauchnabelfluse" vom 25.02.2013 einer kritischen Betrachtung der ambivalenten Wirkungen des Portals „Youtube" und plädiert für eine redaktionelle Kontrolle zur Wahrung der Menschenwürde. Die Leserschaft der eher konservativen Frankfurter Allgemeinen Zeitung (F.A.Z.) dürfte für diese medienkritischen Erwägungen aufgeschlossen sein.

I - Argumentative Entwicklung der Position des Autors

1. Erinnerung an das erste Video von „Youtube" zur Veranschaulichung der potentiellen Inhaltslosigkeit dieses Mediums (Z.2-5)

2. Darstellung der heutigen Leistung des Kanals als Wissensarchiv mit extrem unterschiedlicher Qualität der Inhalte (Z.6-18)

3. Thematisierung der Herausforderung: Offenheit und mangelhafte Kontrolle durch eine fehlende Redaktion (Z.19-23)

4. Veranschaulichung der Dokumentationsleistung und damit einer möglichen Aufklärungsfunktion des Mediums anhand verschiedener Beispiele (Z.24-35)

5. Hinweis auf die meist unterschätzte fehlende Auswahl von Inhalten mit irritierenden oder verletzenden Folgen für Betroffene (Z.36-41)

6. Problematisierung der nur teilweise wirksamen Zensur, v.a., im Hinblick auf Gewaltdarstellungen anhand von Beispielen (Z.42-58)

7. Nachweis der Bedeutung einer redaktionellen Kontrolle anhand des Beispiels eines Films mit lebensgefährlichen Folgen (Z.59-68)

8. Aufruf zu einer öffentlichen Diskussion über die Grenzen der Darstellung von Inhalten in digitalen Medien mit unbeherrschbaren Folgen für Betroffene (Z.69-79)

9. Abschluss mit dem Beispiel der medialen Vermittlung einer Hausgeburt, das sowohl das Wunder des Lebens als auch die irreversible Verletzung der Intimsphäre eines Menschen (Z.80-84) illustriert.

IIa - Dialektische Erörterung der Position des Autors unter Einbeziehung eigener Medienerfahrungen (Variante 1)

1. PRO-Argumente, die die Forderung nach redaktioneller Kontrolle digitaler Medien wie „Youtube" stützen

    • Missachtung von Intimsphäre und Persönlichkeitsrechten

- unkontrollierte Verbreitung menschenunwürdiger Inhalte (z.B. Gewaltdarstellungen)
- Gefahr krimineller Handlungen und Rechtsverstöße
- Präsentation nicht altersgemäßer, überfordernder Themen
- Kommunikation qualitativ schlechter oder gar sinnleerer Darstellungen
- Vermischung von Fiktionalität und Wirklichkeit

2. CONTRA-Argumente, die die Forderung nach redaktioneller Kontrolle digitaler Medien wie „Youtube" in Frage stellen

- Gefahr subjektiver oder interessegeleiteter Einflussnahme durch eine Redaktion
- Quelle von und Anlass für die Beseitigung von Missständen
- digitale Medien als Teil einer freien Marktwirtschaft (Wettbewerb; Schaffung Mehrwert)
- Möglichkeit zur freien Partizipation an Inhalten und Entwicklungen
- Chance zu Horizonterweiterung und Bildung für die Rezipienten
- Forum zur medialen Selbstbestimmung und Ausübung künstlerisch- kreativer Freiheit

3. SYNTHESE: Ausgewogenes Verhältnis von Freiheit und Kontrolle digitaler Medien

- Effektivere Selbstkontrolle der Medienanbieter
- Bedeutung schulischer Medienbildung

IIb - Beispiel für einen Kommentar für eine Tageszeitung (834 Wörter) (Variante 2)

Digitalisierung und Demokratie sind Geschwister. Beide sind aufs Engste mit der Freiheit als wohl wichtigste Errungenschaft von Humanismus und Aufklärung verbunden. Beide bringen naturgemäß aber auch das Risiko mit sich, missbraucht zu werden und Kollateralschäden zu verursachen – bis hin zur Missachtung der Menschenwürde. Am Beispiel des etablierten Videoportals „Youtube" wird deutlich, was digitale Medien ermöglichen, aber auch anrichten können. Der Ruf nach mehr Kontrolle, wie er von Medienkritikern immer wieder ertönt, erfordert auch eine Antwort auf die Frage nach einem angemessenen Verhältnis von Freiheit und Begrenzung hinsichtlich digitaler Medien.

Unbestreitbar ist, dass nicht nur soziale Netzwerke, sondern alle digitalen Medien zeitgemäßer Ausdruck einer offenen Gesellschaft sind. Als demokratische Bürger nutzen wir alle Möglichkeiten informationeller Selbstbestimmung. Schneller als mit Printmedien oder analogen Quellen wie Fernsehen und Radio sind wir in der Lage, effektiv und quantitativ unbegrenzt nach Informationen zu suchen, die uns wichtig sind. Und das ist gut so. Wo kämen wir hin, wenn es im 21. Jahrhundert eine nationale Zensurbehörde gäbe, die nach mehr oder weniger willkürlichen Kriterien bestimmte Anbieter oder Inhalte einfach ausgrenzt? Das wäre ein Rückschritt vor Immanuel Kant (1724-1804). „Habe Mut, dich deines eigenen Verstandes zu bedienen!" – Welchen Sinn hat diese über 200 Jahre alte Kernforderung, wenn allen Instrumenten restriktive Beschränkungen auferlegt werden sollen, die zu Aufklärung, Selbstbestimmung und Humanität beitragen?

Was aber ist human, wenn gewalthaltige oder pornographische Inhalte unbegrenzt und unkommentiert verbreitet werden? Was passiert mit Kindern, die mit Darstellungen und Themen konfrontiert werden, die sie nicht verarbeiten und die zu unabschätzbaren Folgewirkungen führen? Man sollte sicher nicht einfach achselzuckend zur Kenntnis nehmen, dass Nullinformationen oder gar fake news zu verheerenden Entwicklungen im Denken, Fühlen und Handeln Einzelner oder ganzer gesellschaftlicher Gruppen führen? Die Zunahme politischer Polarisierung in Deutschland, das Wachsen der Extreme, die nicht mehr zu übersehende Gefahr von Radikalisierung und Simplifizierung bedroht die Demokratie in ihrem Kern.

Eine besondere Gefahr ergibt sich daraus, dass fragwürdige, falsche oder gar gefährliche Inhalte in Echtzeit und jederzeit verfügbar nicht regional begrenzt, sondern schrankenlos rund um den Erdball verbreitet werden. Nicht auszudenken, was passiert, wenn etwa die Verletzung religiöser Gefühle zu unkontrollierten Kriegs- und Terrorhandlungen mit Dominoeffekt bis hin zu einem finalen Weltkrieg führt. So brachte der Film „Innocence of Muslims" - im September 2012 über Youtube verbreitet – gewalttätige Proteste in verschiedenen Ländern mit unzähligen Verletzten und mindestens dreißig Toten mit sich. Muss eine offene, demokratische Gesellschaft mit den unbewältigbar erscheinenden digitalen Medien für Freiheit und Selbstbestimmung einen solch hohen Preis zahlen? Es erscheint menschenverachtend und zynisch, nach solchen, keineswegs vereinzelten Vorkommnissen, einfach zur Tagesordnung überzugehen.

Der Verweis auf die vielen positiven Möglichkeiten und Errungenschaften digitaler Medien beruhigt zwar zunächst kulturpessimistisch erhitzte Gemüter, kann aber die Forderung nach redaktionellen Beschränkungen nicht einfach vom Tisch wischen. Natürlich bieten digitale Angebote neue Ansätze für kreative Schaffensprozesse, decken Missstände und Unrecht auf, stoßen gesellschaftliche Reformprozesse an und stellen ein Diskussionsforum für gesellschaftliche, politische und wissenschaftliche Debatten dar, deren Möglichkeiten derzeit noch nicht annähernd ausgeschöpft sind. Direkt und frei zugängliche Bildungsmöglichkeiten erhöhen die soziale Gerechtigkeit; gerade Menschen aus gesellschaftlich und wirtschaftlich unterprivilegierten Milieus haben Zugang zu Möglichkeiten persönlicher Weiterentwicklung. Digitale Medien stellen eine fünfte Gewalt im Staat dar, da Parteien, Regierungsorganisationen und Wirtschaftsunternehmen nun einer steten Kontrolle just in time unterliegen. Nichts mehr kann verborgen bleiben, keiner kann sich sicher fühlen, der in die eigene Tasche oder auf Kosten anderer oder der Umwelt wirtschaftet. So werden mit digitalen Medien heute auch erfolgreich Wahlkämpfe geführt.

Vergessen wird dabei oft die unbegrenzte Archivfunktion neuer Medien. Einmal global publizierte Inhalte lassen sich ebenso wenig löschen oder unvergessen machen, wie Worte, wenn sie den Mund verlassen haben. Das kollektive Gedächtnis digitaler Medien ist unbarmherzig. So erkennt Jan Wiele eine „Medienrevolution, die vielleicht schon dabei ist, ihre Kinder zu fressen" (Z.77f.). Dass der Einzelne heute dafür sensibilisiert sein muss, seine Daten im Bewusstsein ihrer Missbrauchbarkeit zu publizieren, wird immer mehr Menschen bewusst – zu wichtig ist hierfür das Leben des Einzelnen mit beschränkten biographischen Möglichkeiten. Dass aber auch eine Gesellschaft, ja die ganze Welt auf Vergessen, Verdrängen oder zumindest auf Auswahl angewiesen ist, scheint ein ungewohnter Gedanke zu sein. So wichtig Geschichte als Voraussetzung zur Zukunftsgestaltung ist, darf sie doch nicht zum Ballast für die Gegenwart werden. Neuanfänge müssen möglich sein. Wer nur noch an den Fehltritt von früher denkt, wird keinen Schritt nach vorne machen können. Gerade eine digitale Informations- und Wissensgesellschaft braucht Differenzierung, Einordnung und Priorisierung. Ein unbeherrschbares Archiv, das aus allen Nähten platzt, nützt niemandem.

Jan Wiele fordert eine „Debatte über die Grenzen der Sichtbarkeit wirklicher wie fiktionaler Begebenheiten" (Z.80f.). Auch wenn sich dabei sicher kein Konsens nach Mehrheit erzielen lässt, könnte doch ein Bewusstsein darüber geschaffen werden, was Menschenwürde und Menschenrechte eigentlich beinhalten. Ein hedonistisches „Gut ist, was gefällt" reicht ebenso wenig wie das deutsche Diktum „Geschmäcker sind verschieden". Die Sehnsucht nach verbindlichen Maßstäben in einer immer noch unübersichtlicher werdenden Welt ist groß, und wird doch immer weniger befriedigt, da das Vertrauen in sinngebende Instanzen wie Staat und Religionsgemeinschaften eher noch weiter sinkt. So müssen die Medien selbst diese Debatte übernehmen und sich damit einer glaubwürdigen Selbstkontrolle unterwerfen.

9 Psychologische und strategische Tipps zum Verhalten in der Prüfung

In diesem Kapitel gebe ich dir wertvolle Tipps zum Verhalten am Prüfungstag.

(1) Äußere Rahmenbedingungen

- Komme **ausgeschlafen** und **rechtzeitig** zum Prüfungsraum! Schaue dir auf dem Hinweg **nicht** noch einmal Unterlagen oder Bücher an! Mach dich nicht selbst verrückt und verzichte in Gesprächen mit Mitschülern über deinen Vorbereitungsstand oder auf Spekulationen über die Prüfungsthemen!

- Nimm genug **Schreibmaterialien** (u.a. Textmarker, Lineal, Bleistift, Radiergummi, Ersatzstifte, Patronen) mit, die dir eine **störungsfreie technische Bewältigung** der Prüfung ermöglichen!

- Die Prüfungszeit beträgt 315 Minuten – das sind über fünf Stunden! Achte daher darauf, dass du – je nach persönlichem Bedarf - genug zu **essen** und zu **trinken** dabei hast, ohne deinen Arbeitsplatz damit zu belasten!

- Eine funktionierende **Uhr** ist unerlässlich! Handys müssen abgegeben werden!

(2) Zeitmanagement und Pausen

- Verfahre nach einem in der Vorbereitung festgelegten, für dich persönlich passenden **Zeitplan**! Gönne dir mindestens ein bis zwei **Pausen an sinnvollen Stellen**!

  > **Vorschlag:**
  >
  > - Lektüre der Aufgaben und Auswahl: 20 Minuten
  >
  > - genaue Aufgabenanalyse, Vorarbeiten und Konzeption (Schreibplan): 60 Minuten; bei Aufgaben mit Materialauswertung kann diese Phase auch länger dauern
  >
  > - Schreibprozess: 220 Minuten (bei Aufgaben mit Materialauswertung und Gestaltungsauftrag [z.B. Kommentar] kann diese Phase auch kürzer sein)
  >   * Einleitung: 20 Minuten
  >   * Hauptteil: 180 Minuten
  >   * Schluss: 20 Minuten
  >
  > - Überarbeitung: 15 Minuten

(3) Überblick und Aufgabenauswahl

- Nimm dir **Zeit für die bewusste Lektüre** aller Aufgaben samt Materialien! Lege dich nicht zu früh fest!

- Wende die bei den Schulaufgaben in der Oberstufe bewährte Methode der Aufgabenwahl an!

(4) Lektüre und genaue Analyse der gewählten Aufgabenstellung

- Ermittle die inhaltlichen **Schlüsselbegriffe** (z.B. „das Motiv Sehnsucht"; „Schreiben als Kulturtechnik" und **Operatoren** (z.B. „Interpretieren", „vergleichend aufzeigen", „in Beziehung setzen zu", „einbeziehen", „berücksichtigen")!

- Mache dir die **Gewichtung** und ggf. den **Schwerpunkt der Aufgabenstellung** bewusst (z.B. Teilaufgabe a) bei den Aufgaben I, II und III)!

- Mehrfache Lektüre des gewählten Textes bzw. der zugehörigen Materialien mit **Markierungen** (Farbstifte!) und **Randbemerkungen** (Abkürzungen; Symbole)

(5) Schreibprozess

- Stoffsammlung; Anordnung des Stoffs; **Schreibplan** auf Konzeptpapier

- **Äußere Form**:

  - **Leerzeile** zwischen Einleitung und Hauptteil sowie Hauptteil und Schluss
  - **Absätze** (neue Zeile) zwischen den (Unter-)Kapiteln des Hauptteils
  - **leserlich schreiben**; mit Lineal durchstreichen; Ergänzungen mit Fußnoten auf gesondertem Papier („Anmerkungen"); Rand einhalten
  - **Zitierregeln beachten** (Anführungszeichen, Satzzeichen, Klammern, Verweise auf Verse bzw. Zeilen; „vgl." bei indirekten Zitaten)

- Sprachliche Gestaltung:

  - **Sachstil** (überschaubare, abwechslungsreiche Hypotaxen; Fachbegriffe)
  - **Rechtschreibung und Zeichensetzung** (ggf. Rechtschreibwörterbuch als zugelassenes Hilfsmittel benutzen!)

- Abfassung einer **Einleitung** (mindestens 1 Seite); spätestens am Ende der Einleitung muss auch das Thema bzw. der Text (Gattung, Titel, Autor, ggf. weitere Materialien) genannt werden

- Überleitung zum Hauptteil mit **kompletter** Aufgabenstellung (nicht einfach abschreiben!)

- Formulierung eines formal (neue Zeile; Leerzeile) und sprachlich (Überleitung) gegliederten **Hauptteils** (mind. 6-8 Seiten):

  - inhaltlicher **Aufbau** entsprechend der Aufgabenstellung
  - **Argumentative** Grundstruktur: These + Begründung + Beispiel + Rückbezug; formal und sprachlich korrekter Einbau von (in-)direkten **Zitaten**

- ggf. **Zwischenfazit** nach größeren Kapiteln (z.B. gedanklicher Aufbau; erzähltechnische Gestaltung) mit kurzer **Überleitung** zum nächsten Punkt

- Abfassung eines **Schlusses** (mindestens 1/2 Seite)

- **Überarbeitung**: Korrigiere deinen Text stets mit Blick auf die Aufgabenstellung in formaler, inhaltlicher und sprachlicher Hinsicht!

- **Pausen**: Die Abiturprüfung im Fach Deutsch mit über fünf Stunden Arbeitszeit ist ein geistiger und körperlicher Marathon. Schreibe auf keinen Fall durch, sondern plane – sinnvoll verteilt – (auch kurze) Pausen (inklusive Toilettengang) ein!

Motive in typischen Werken der literarischen Epochen (nach einer Zusammenarbeit von Manuela Dorant)

Klassik	Klassik (auch Sturm und Drang; Romantik)	Romantik	Vormärz	Realismus	Naturalismus
Goethe *Iphigenie auf Tauris* (klassisches Drama)	Goethe *Faust I* (Drama mit lyrischen Elementen)	Joseph von Eichendorff *Aus dem Leben eines Taugenichts* (Erzählung mit lyrischen Elementen)	Georg Büchner *Woyzeck* (Dramenfragment)	Theodor Fontane *Effi Briest* (Roman)	Gerhart Hauptmann *Bahnwärter Thiel* (Novelle)
- Harmonie - Wahrhaftigkeit, Ehrlichkeit - Menschlichkeit, Humanität - Toleranz - Vernunft, Gefühl - Entsagung - Inseldasein - Religion (Priesterin der Diane)	- Liebe - Stellenwert der Religion - Verführung - Mord, Gewalt - Kindsmord - Soziale Unterschiede - Wissenschaftler	- Reisen - Freiheit vs. Philistertum (Alltagspflichten) - Umgang/Stellenwert der Religion - Umgang mit Natur - Stellung des Individuums in der Gesellschaft (Absage an das „Taugen") - Wunschbilder/Traumbilder - Liebe	- einseitige Liebe - Eifersucht, Untreue, Rache - physische Defizite - Schuld - Individuum als Opfer der Gesellschaft - Determinierung eines Menschen durch Umfeld und Milieu (Rolle der Gesellschaft) - Leiden und Ausgeliefertsein des (anonymen) Menschen - soziale Unterschiede - Hierarchien - scheiternde Kommunikation - Ausnutzung	- Erziehung - erzwungene Ehe - Stellung der Frau - Ausbrechen aus Traditionen und Konventionen - Ehebruch, Affäre - Eifersucht, Untreue, Rache - Ehre - psychischer Zerfall - Scheitern des Individuums an der Gesellschaft	- reine, glückliche Liebe (zu 1. Frau) - Liebe zum Sohn Tobias - sexuelle Abhängigkeit - Zerissenheit, Schuldgefühe - sexuelle Hörigkeit - psychische Defizite - Determinismus - Mord und Kindsmord

Jahrhundertwende	1912 (Expressionismus), Zuordnung umstritten	Literatur der Weimarer Republik	Exil-Nachkriegszeit	Nachkriegszeit	Literatur der Bundesrepublik
Arthur Schnitzler *Leutnant Gusl* (Novelle)	Franz Kafka *Die Verwandlung* (Erzählung)	Alfred Döblin *Berlin Alexanderplatz* (Roman)	Bertolt Brecht *Leben des Galilei* (Episches Drama)	Friedrich Dürrenmatt *Die Physiker* (Tragikkomödie)	Max Frisch *Homo Faber* (moderner Roman)
- Autoritäre Charaktere - Militärische Hierarchien und ihre Auswirkungen auf die Persönlichkeit - Ehre - Duell - Gesellschaftliche Konventionen	- Verwandlung - Entmenschlichung - Unterdrückung des Menschen; - Ekel - Vergeblichkeit des menschlichen Freiheitsstrebens - Vereinsamung - gestörte Kommunikation - Leiden und Ausgeliefertsein des anonymen Menschen - destruktive Familienbeziehungen - Beeinflussung des Menschen durch die Arbeitswelt	- Leiden und Ausgeliefertsein des Menschen - Anonymität - Großstadtleben	- Schuld - Verantwortung des Wissenschaftlers - Einschränkung der (Meinungs-) Freiheit durch die Institution Kirche	- Schuld (Mord an den Schwestern, Ermöglichung von Waffen o.ä. durch physikalische Ergebnisse) - Verantwortung - Einschränkung der Meinungsfreiheit durch die Institution Kirche	- Liebe - Verhältnis Vater-Tochter - Inzest - Reisen - Technik - Wissenschaftliches Leitbild - Scheiternde Kommunikation

Literarische Motive im Überblick – Zuordnung von typischen Werken
(nach einer Zusammenstellung von Manuela Dorant)

Verrat/Betrug	Tod	Trennung	Gefangenschaft	Erkenntnis	Intrige
Woyzeck	Tod in Venedig	Iphigenie	Iphigenie	Faust I	Die Räuber
Faust I	Woyzeck	Faust I	Die Verwandlung	Iphigenie	
Effi Briest	Effi Briest	Woyzeck		Die Physiker	
		Effi Briest		Leben des Galilei	

Familie	Religion	Frauenbild	Mord	Ehebruch/Untreue	Triebe
Iphigenie	Faust I	Effi Briest	Faust I	Woyzeck	Woyzeck
Effi Briest	Nathan der Weise	Faust I	Woyzeck	Effi Briest	Tod in Venedig
Die Verwandlung			Bahnwärter Thiel		
Woyzeck					
Die Räuber					

Gerechtigkeit	Freiheit	Generationenkonflikt	Eifersucht	Geld/Gold	Natur
Iphigenie	Iphigenie	Die Verwandlung	Woyzeck	Woyzeck	Taugenichts
Nathan der Weise	Taugenichts	Brief an den Vater	Effi Briest	Faust (Gretchen)	Effi Briest
Faust I	Prometheus (Gedicht)	Taugenichts			
		Effi Briest			
		Die Räuber			

Reise	Rache	Technik/Naturwissenschaft
Taugenichts	Woyzeck	Homo faber
Tod in Venedig	Bahnwärter Thiel	Die Physiker
Homo faber		Leben des Galilei

Notizen